Dr. Katharina Turecek

1-MIN-Gehirntrainer

Täglich 60 Sek.
für ein besseres Gedächtnis

www.hubertkrenn.at

Lektorat: Mag. Anke Weber
Fotos: istockphoto.com, photolia.com, photodisc
Umschlaggestaltung: Marianne Prutsch
Grafik: Barbara Schneider-Resl
Druck und Bindung: Druckerei Theiss GmbH, A-9431 St. Stefan

ISBN 978-3-99005-024-8

Dr. Katharina Turecek

1-MIN-Gehirntrainer

Täglich 60 Sek.
für ein besseres Gedächtnis

INHALT

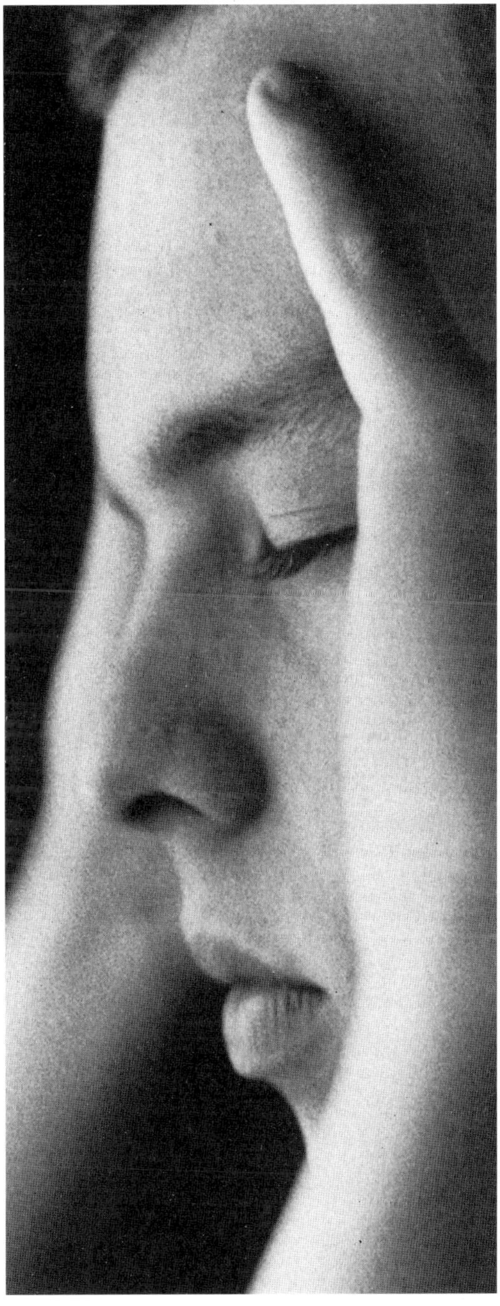

Wer aufhört zu lernen, ist alt.
Er mag zwanzig oder achtzig sein.
Henry Ford

Train your Brain!

Geistige Fitness ist keine Frage des Alters!

100 Milliarden Nervenzellen sind in unserem Gehirn durch je 7000 Verbindungen miteinander in Kontakt. Ein unglaubliches Netzwerk, das über elektrische Reize und chemische Botenstoffe miteinander kommuniziert.

Haben Sie sich je gefragt, wie die Neurone in unserem Gehirn wissen, mit welchen anderen Zellen sie Verbindungen eingehen und mit welchen nicht?

Ganz einfach: Sie wissen es nicht! Nervenzellen probieren „auf gut Glück" verschiedene Kontakte aus. Nach dem Prinzip „Use it or loose it!" werden Verbindungen, die nicht genützt werden, einfach wieder abgebaut. Sie können sich vorstellen, was mit Ihrem dichten Nervennetz passiert, wenn Sie Ihre kleinen grauen Zellen nicht regelmäßig zur Aktivität anregen ... Genau, Neurone wie Neuronenverbindungen werden einfach abgebaut und abgeschwächt!

Stärken und erweitern Sie das faszinierende Netzwerk in Ihrem Gehirn!

Gehirntraining zwischendurch

Gehirntraining muss nicht zeitaufwändig sein! In diesem Büchlein finden Sie zahlreiche kurzweilige Aufgaben. So können Sie Ihr wichtigstes Organ zwischendurch und regelmäßig trainieren! Für die meisten Übungen benötigen Sie keine zusätzlichen Materialien, Sie können Sie jederzeit durchführen.

Achten Sie auf dieses Symbol für Material.

3 Säulen geistiger Fitness: Gehirntraining, Bewegung und Kontakte

Zahlreiche Studien belegen: Gezieltes Gehirntraining wirkt sich positiv auf Ihre geistige Leistungsfähigkeit aus: in jedem Alter!

Das Lösen von Kreuzworträtseln und Sudokus alleine reicht allerdings nicht aus. Um geistig fit zu bleiben, empfehlen Gehirnforscher die folgenden drei Bereiche zu trainieren:

- **Gehirntraining:** geistige Herausforderungen
- **Bewegung:** körperliche Fitness
- **Kontakte:** sozialer Austausch

Gehirn, Körper und soziales Netz hängen dicht zusammen! Achten Sie auf alle drei Säulen, um geistig fit zu bleiben!

1. Gehirntraining:

In diesem Buch finden Sie zahlreiche Übungen, die die Nervenzellen in Ihrem Gehirn zur Arbeit anregen! Die vielfältigen Aufgaben sind in verschiedene Kategorien eingeteilt. So können Sie gezielt Konzentration, Kreativität, Gedächtnis oder einen anderen wichtigen Bereich stärken! Viele Aufgaben eignen sich auch für wiederholtes Training.

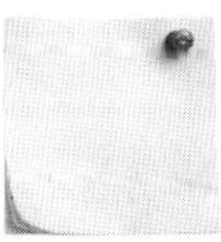

Übung macht den Meister! Ergänzungen, Erweiterungen oder Anregungen für einen höheren Schwierigkeitsgrad finden Sie auf dem Notizzettel!

2. Bewegung:

Viele Übungen können Sie auch erledigen, während Sie spazieren gehen oder unterwegs sind! Sie sind mit folgendem Symbol markiert:

Diese Übung eignet sich für unterwegs!

Nützen Sie nach Möglichkeit die Chance, an die frische Luft zu gehen.

Keine Zeit für Gehirntraining? Übungen, die mit dem Symbol „unterwegs" gekennzeichnet sind, können Sie besonders gut in Ihren Alltag integrieren. Nützen Sie Leerzeiten zwischendurch wie Wartezeiten, kurze Pausen und Fahrtzeiten! Gehirntraining ist besonders effektiv, wenn Sie Übungen mit ihrem täglichen Leben verbinden.

3. Kontakte

Gemeinsam jung bleiben! Motivieren Sie sich gegenseitig, regelmäßig zu üben und zu trainieren. Tauschen Sie Ihre Ideen, Gedanken und Erfolgserlebnisse aus!

Anregungen für eine mögliche Teamarbeit finden Sie unter diesem Symbol!

Los geht`s!

Wählen Sie eine beliebige Übung, um den Startschritt zu setzen, und beginnen Sie sofort damit, Ihr Gehirn zu Höchstleistungen zu motivieren! Die Reihenfolge, in der Sie die Aufgaben bewältigen, ist Ihnen überlassen. Ich empfehle, Übungen der verschiedenen Kategorien nach Möglichkeit zu mischen, damit Sie möglichst viele verschiedene Bereiche Ihres Gehirns aktivieren!

Viel Erfolg,

Dr. Katharina Turecek, Msc.

www.a-head.at

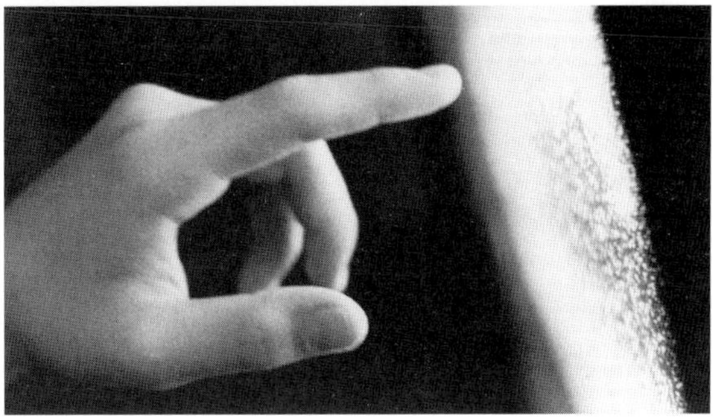

Nehmen Sie Ihr Leben bewusst wahr!
So behalten wir manches,
was wir einmal gesehen haben, eher im Gedächtnis
als anderes, was wir oft gesehen haben.
(Aristoteles)

Wahrnehmung

Wir alle leiden unter der Informationsflut. Unsere Sinnesorgane werden tagtäglich mit zahlreichen Reizen bombardiert. Das Gehirn hat Filtermechanismen entwickelt, um mit dieser Flut an Informationen umzugehen: Unsere Wahrnehmung stumpft ab!
Haben Sie das Gefühl, dass das Leben an Ihnen vorbeiläuft? Arbeiten Sie sich tagein tagaus durch Ihren Alltag und fragen Sie sich am Ende der Woche, was Sie eigentlich erlebt haben? Halten Sie die Zeit auf, die an Ihnen vorbeirast, indem Sie Ihre Wahrnehmung wieder schärfen.
In diesem Kapitel finden Sie Übungen, die Sie darin unterstützen, Ihr Leben wieder bewusst wahrzunehmen!

Übungen – Wahrnehmung:

- Unbekannte Alltagsgegenstände
- Farbwahl
- Sinne schärfen: Sehen
- Sinne schärfen: Hören
- Sinne schärfen: Riechen
- Sinne schärfen: Schmecken
- Sinne schärfen: Fühlen
- Fernsehen aus dem Radio
- Herd abgedreht?

Unbekannte Alltagsgegenstände

Nicht alles, was wir sehen, nehmen wir bewusst wahr:

Wahrnehmung schärfen, wozu eigentlich? Bewältigen Sie die folgende Aufgabe, um herauszufinden, wie es um Ihre Sinnesschärfe steht.

Wissen Sie, wie die Vorderseite einer 5-Cent-Münze aussieht?[1] Versuchen Sie sich an so viele Details wie möglich zu erinnern: Wie groß ist sie? Wie ist der Rand beschaffen? Was zeigt der Aufdruck? Nehmen Sie Bleistift und Papier zur Hand und skizzieren Sie die Münze.

Suchen Sie anschließend ein 5-Cent-Stück hervor und vergleichen Sie Ihr Ergebnis mit der tatsächlichen Münze.

Material: Stift und Papier

Farbwahl

Wir bestimmen selbst, was wir wahrnehmen:

Diese Übung zeigt Ihnen, dass Sie selber steuern können, welche Informationen Sie aufnehmen und verarbeiten und welche nicht.

Drehen Sie sich um und betrachten Sie die Szene hinter sich.

Konzentrieren Sie sich auf die Farbe grün und prägen Sie sich so viele Details wie möglich ein, die grün sind.

Schließen Sie anschließend die Augen und versuchen Sie sich zu erinnern.

Drehen Sie sich nun wieder dem Büchlein zu und absolvieren Sie die folgende Aufgabe:

Denken Sie zurück, an die Szene, die Sie soeben gesehen haben.
Schreiben Sie so viele Details wie möglich auf, die gelb sind!

Wahrscheinlich ist Ihnen diese Aufgabe nicht leicht gefallen. Sie haben vorhin auf andere Gegenstände geachtet, andere Details sind möglicherweise an Ihnen vorbeigegangen. Sie können Ihre Wahrnehmung bewusst steuern!

Teamtraining: 
Fordern Sie Ihren Trainingspartner heraus und stellen Sie ihm dieselbe Aufgabe!

Sinne schärfen: Sehen

Mit den Augen fotografieren

Diese Übung garantiert, dass Sie Ihre Umgebung bewusst wahrnehmen.

Wählen Sie eine möglichst abwechslungsreiche Szene, zum Beispiel den Ausblick aus dem Fenster. Nehmen Sie sich 30 Sekunden Zeit und betrachten Sie die Aussicht aufmerksam. Prägen Sie sich so viele Details wie möglich ein. Welche Elemente gefallen Ihnen besonders gut? Was macht die gewählte Szene bemerkenswert? Übersehen Sie angesichts der zahlreichen Einzelheiten nicht das große Ganze und verschaffen Sie sich einen Überblick über das Bild und seine Proportionen.

Schließen Sie nach 30 Sekunden die Augen und rufen Sie sich die gesehene Szene in Erinnerung. Sehen Sie das Bild vor Ihrem inneren Auge?

Öffnen Sie die Augen und skizzieren Sie die Aussicht aus Ihrer Erinnerung. Nehmen Sie sich Zeit, auch die kleinen Details darzustellen.

Vergleichen Sie anschließend Ihr Ergebnis mit der tatsächlichen Szene.

Material: Stift und Papier

Teamübung: 

Stellen Sie Ihrem Trainingspartner Fragen über die gesehene Szene. An welche Details kann er/sie sich noch erinnern?

Diese Übung eignet sich für unterwegs.

Sinne schärfen: Hören

Spitzen Sie Ihre Ohren

Haben Sie gute Ohren? Finden Sie es heraus!

Für diese Übung benötigen Sie einen Partner. Wählen Sie einen ruhigen Raum. Warten Sie in einem Nebenzimmer, während die andere Person irgendwo im Raum einen Wecker oder eine tickende Uhr versteckt. Anschließend ruft Ihr Partner Sie zurück ins Zimmer. Setzen Sie sich in die Mitte des Raumes und konzentrieren Sie sich. Können Sie das Ticken hören? Zeigen Sie in die entsprechende Richtung und versuchen Sie zielstrebig den Wecker bzw. die Uhr zu finden! Anschließend werden die Rollen getauscht.

Material: Wecker

Teamübung:
mindestens zwei Personen

Sinne schärfen: Riechen

Träumen Sie sich ins Schlaraffenland

Sie können Ihren Geruchssinn sensibilisieren, ohne tatsächlich zu riechen. Wie? Das zeigt diese Übung.

Sie finden hier eine Liste verschiedener Gerüche. Schließen Sie die Augen und versuchen Sie, sich die verschiedenen Düfte vorzustellen. Gelingt es Ihnen, sich die Gerüche in Erinnerung zu rufen?

- frisch gebackenes Brot
- geschnittenes Gras
- Benzin
- Fisch
- Lavendel

Diese Übung eignet sich für unterwegs.

Variante Geschmacksinn:

Wie schmeckt eigentlich ein Apfel? Könnten Sie einen Apfel von einer Banane unterscheiden? Von einer Birne? Woran erkennen Sie den Geschmack eines Apfels? Denken Sie an die verschiedenen Geschmacksempfindungen der folgenden Speisen bzw. Getränke:

- Sachertorte
- Kaffee
- Schweinsbraten
- Brokkoli
- Orangensaft

Teamtraining: 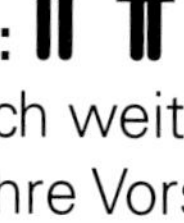

Denken Sie sich weitere Gerüche und Geschmacksrichtungen aus und regen Sie so Ihre Vorstellungskraft an!

Sinne schärfen: Schmecken

Mit verbundenen Augen essen

Sensibilisieren Sie Ihren Geschmackssinn. In unserer schnellen Zeit nehmen wir uns häufig nicht die Zeit, Speisen in Ruhe zu uns zu nehmen: Wir essen in Eile, unterwegs oder beim Fernsehen. Diese Aufgabe soll Sie dazu anregen, den Geschmack Ihrer nächsten Mahlzeit wieder bewusst wahrzunehmen.

Lassen Sie sich Ihre Augen von Ihrem Trainingspartner verbinden. Dieser lässt Sie nun verschiedene Lebensmittel kosten. Ihre Aufgabe ist es, zu erraten, um welche Nahrungsmittel es sich handelt. Anschließend werden die Rollen getauscht.

Material: verschiedene Lebensmittel, Augenbinde

Teamtraining:
Für diese Übung benötigen Sie einen Trainingspartner.

Variante:

Reduzieren Sie die Auswahl der Lebensmittel auf ein bestimmtes Thema
z. B.:
- Gemüse
- Obst
- Weinsorten
- Käsesorten
- Getränke

Sinne schärfen: Fühlen

Testen Sie Ihr Fingerspitzengefühl

Ihre Fingerspitzen sind sensibler als Ihr Rücken. Finden Sie heraus, wie sensibel Ihre Haut ist, und schärfen Sie Ihren Tastsinn mit der folgenden Übung:

Entfernen Sie Nadel und Bleistiftspitze aus einem Zirkel. Verbinden Sie Ihrem Partner die Augen und berühren Sie seine Hand mit den beiden Enden des Zirkels. Variieren Sie dabei die Breite des Abstands. Fragen Sie Ihren Partner, ob er jeweils einen oder zwei Berührungspunkte spürt. Sie werden merken, wenn Sie den Zirkel enger einstellen, verschmelzen die beiden Punkte gefühlsmäßig zu einem: Ihr Partner gibt an, nur einen Punkt zu spüren, obwohl Sie ihn mit beiden Zirkelenden berühren. Wie klein ist der kleinste Abstand, den er am Handrücken noch spüren kann? Wiederholen Sie anschließend diese Prozedur am Rücken. Wie groß ist hier der entsprechende kleinste Abstand, der noch als zwei Berührungspunkte wahrgenommen wird?

Tauschen Sie anschließend Rollen und vergleichen Sie Ihre Werte!

Material: Zirkel, Augenbinde

Teamtraining:
mindestens zwei Personen

Fernsehen aus dem Radio

Schulen Sie Ihr inneres Auge

Wenn man einem kleinen Kind ein Märchen erzählt, erlebt es die Geschichte vor seinem inneren Auge mit. Es erfindet Bilder zu den gehörten Worten und lässt so einen imaginären Film ablaufen. Leider verlieren wir diese blühende Fantasie im Laufe unseres Lebens. Mit dieser Übung trainieren Sie Ihre Vorstellungskraft, um Ihre kindliche Fantasie zurückzugewinnen, und steigern gleichzeitig Ihr Hörverständnis!

Schalten Sie das Radio zur Nachrichtenzeit ein und hören Sie sich den ersten Bericht an. Schalten Sie gleich nach der ersten Meldung den Ton wieder aus und schließen Sie kurz die Augen. Versuchen Sie, sich die Geschehnisse bildlich vorzustellen. Wie würde dieser Bericht im Fernsehen gesendet werden? Wo ist der Ort des Geschehens und welche Personen sind involviert? Bringen Sie Bewegung in Ihre Vorstellungen und gestalten Sie einen Film vor Ihrem inneren Auge.

Material: Radio

Variante:

Wenn Sie geübter sind, können Sie statt eines Berichtes gleich zwei Beiträge oder die gesamte Nachrichtensendung hören und erst danach den Ton wieder abschalten, um Ihr Kopf-Fernsehen ablaufen zu lassen.

Herd abgedreht?

So gehen Sie auf Nummer sicher!

Im Laufe eines Tages erledigen wir viele Dinge automatisch. Wir denken darüber nach, was wir noch einkaufen müssen, während wir geistesabwesend den Herd abschalten. Später, unterwegs, machen wir uns Sorgen, der Herd könnte noch glühen. Genauso passiert es uns, dass wir nicht mit Sicherheit sagen können, ob die Tür versperrt ist oder die Fenster verschlossen sind. Diese Übung zeigt Ihnen, wie Sie derartige kleine Wichtigkeiten bewusst erledigen, damit Sie in Zukunft von keinen Unsicherheiten gequält werden.

Schritt 1: Situationen auflisten

Überlegen Sie sich, welche Kleinigkeiten Sie häufig vergessen.
z. B.: Herd abdrehen

Schritt 2: Bewusste Durchführung

Formulieren Sie für jede Situation einen Satz, der die Tätigkeit beschreibt:
z. B.: „Jetzt schalte ich den Herd ab."

Wenn Sie das nächste Mal den Herd abdrehen, nehmen Sie diesen Moment bewusst wahr. Denken Sie den Satz, den Sie sich zurechtgelegt haben.

Tipp: Achten Sie auf die gleiche Art und Weise darauf, wo Sie Ihr Auto abstellen, um sich die Parkplatzsuche zu ersparen!

Schritt 3: Sicherheitskontrolle

Für besonders wichtige Tätigkeiten können Sie sich zur Sicherheit eine zusätzliche Kontrolle einbauen. Gehen Sie auf Nummer sicher, dass Sie den Herd kontrollieren, bevor Sie das Haus verlassen, indem Sie die Haustür mit der wichtigen Aktion verbinden. Stellen Sie sich z. B. vor, die Türklinke der Haustür glüht rot und ist brennheiß. Beim Schließen der Tür werden Sie so an den Herd erinnert!

Wortverwirrungen

Lesen, einmal anders

Die folgende Übung ist als „Stroop-Test“[2] bekannt. PsychologInnen verwenden ihn unter anderem dafür, die Konzentrationsfähigkeit zu überprüfen.

Lesen Sie die folgende Liste laut vor. Aber nicht, indem Sie die einzelnen Begriffe vorlesen, sondern indem Sie der Reihe nach aufzählen, ob die einzelnen Worte in Schwarz, Grau oder Weiß geschrieben sind. Ist das Wort „Haus“ beispielsweise in Grau geschrieben, lesen Sie „grau“ usw. Los geht`s!

Haus	Kamin	Primel
Hängematte	Schlauchboot	Radio
Geburtstag	Fenster	Arbeit
Handy	Glas	Schuh
Tischtuch	Heizung	Buch
Laptop	Finger	Ball
Vorhang	Wurst	Tulpe

Variante:

Der erste Teil ist Ihnen wahrscheinlich noch nicht allzu schwer gefallen. Wagen Sie sich darum jetzt an die zweite Liste heran:

grau	schwarz	weiss
weiss	grau	schwarz
schwarz	weiss	grau
weiss	schwarz	grau
grau	weiss	schwarz

Umgang mit Ablenkungen

Radio versus Fernseher

Diese Übung trainiert Ihre Fähigkeit, Ablenkungen auszublenden. Schalten Sie dazu gleichzeitig Radio und Fernseher ein. Drehen Sie sich so, dass Sie das Bild des Fernsehers nicht sehen können, und hören Sie auf die zwei verschiedenen Geräuschkulissen. Wählen Sie nun die Stimme des Radios und konzentrieren Sie sich, so gut Sie können, auf den gesprochenen Text. Versuchen Sie, die Sendung zu verstehen, trotz des störenden zweiten Kanals.

Material: Radio, Fernseher

Varianten:

Lautstärke

Variieren Sie die Lautstärke des Radios. Stellen Sie es Schritt für Schritt leiser und finden Sie die Grenze, bei der Sie der Stimme gerade noch folgen können.

Bild

Stellen Sie Radio und Fernseher so ein, dass die Lautstärken ungefähr gleich sind. Betrachten Sie das Bild des Fernsehers, während Sie versuchen, sich auf den gesprochenen Text des Radios zu konzentrieren.

Welche Zahl fehlt?

Entdecken Sie die fehlende Zahl!

Sie sehen hier die Zahlen von 1 bis 50. Fast alle, denn eine Zahl fehlt. Finden Sie heraus, welche, indem Sie die einzelnen Zahlen der Reihe nach durchstreichen

Material: Stift

Variante:

Diese Übung ist schwieriger, wenn Sie den Stift zur Seite legen und ohne Hilfsmittel die fehlende Zahl suchen.

27 11 34 14 21 40 28

45 2 29 6 38 3 12 49

23 13 39 18 25 42 47 17 32

4 1 36 9 46 22

31 19 30 20 5 41

8 16 7 43 50 10

24 48 33 15 44 35 26

Buchstabenpaare

Finden Sie den Fehler

Hier sehen Sie zwei beinahe idente Buchstabenreihen. Finden Sie die Buchstaben, die nicht mit der darüber liegenden Zeile übereinstimmen. Streichen Sie sie durch.

Material: Stift

G	P	M	K	K	P	G	M	P	K	G	M	P	G	P	M	K	M	G	P
G	G	M	K	K	P	G	K	P	K	G	M	P	M	P	M	K	M	K	P

B	P	D	B	D	P	D	B	P	D	P	D	B	D	B	P	B	D	P	D
B	P	D	P	D	P	D	B	P	B	P	D	B	D	P	P	B	P	P	D

O	G	C	Q	O	C	Q	G	O	G	Q	C	G	C	Q	O	G	C	G	O
O	G	C	O	O	C	Q	C	O	G	O	C	G	G	Q	O	G	C	Q	O

M	W	M	W	W	M	W	M	W	W	M	M	W	M	W	M	W	W	M	W
M	W	M	M	W	W	W	M	W	M	M	M	W	W	W	M	W	M	M	W

Variante:

Machen Sie dieselbe Aufgabe mit diesen Symbolen:

↳	↻	↺	⇊	⇊	↻	↳	↺	↻	⇊	↳	↺	↻	↳	↻	↺	⇊	↺	↳	↻
↳	↺	↺	⇊	⇊	↻	↳	⇊	↻	⇊	↳	↺	↻	↺	↻	↺	⇊	↺	⇊	↻

⇆	↹	⇇	⇇	⇆	↹	⇆	↹	⇇	⇇	↹	⇇	⇆	↹	⇇	↹	⇇	⇆	⇇	↹
⇆	↹	⇆	⇇	⇆	↹	⇆	⇇	⇇	⇇	↹	⇇	↹	↹	⇇	↹	⇇	⇆	⇆	↹

Leseherausforderung, Teil 1

Trotz Ablenkungen lesen

Diese Konzentrationsübung fordert Sie auf, einen kurzen Text zu lesen. Es handelt sich um eine Geschichte aus der griechischen Mythologie: Die Entführung Europas![3]

Lesen Sie die fett geschriebenen Buchstaben, lassen Sie sich von den anderen Begriffen nicht ablenken!

Die Entführung Europas

Europa Berg Reise Vogel **war, wie** Fisch Kette Musik **immer, mit ihren** Baum **Gefährtinnen aus dem Haus Berg** Reise **gegangen. An der Mündung** Vogel Fisch Kette **des Flusses lief Europa** Musik Baum **mit ihrem goldenen Korb** Berg Reise **zwischen den Rosen** Vogel Fisch Kette **umher. Plötzlich sahen** Musik Baum **sie sich von einer Herde** von Berg Reise Vogel **Stieren umzingelt, die** Fisch Kette **von dem Boten Hermes** Musik Baum **angetrieben wurden.** Berg Reise Vogel **Darunter** Fisch Kette **einer aus blendendem** Musik Baum **Weiß,** Berg Reise mit kleinen Hörnern, Vogel Fisch Kette **die wie** Musik Baum **leuchtende Edelsteine aussahen.** Berg **Nichts** Reise Vogel **Drohendes ist in seinem Ausdruck.** Fisch Kette **Dieser besondere Stier war** Musik Baum **Zeus, der sich** Berg **unsterblich in Europa** Reise Vogel **verliebt hatte.** Fisch Kette Musik **Er versuchte mit allen Tricks**, Baum **seine Untreue vor seiner argwöhnischen Gattin** Berg Reise **Hera zu verbergen**, Vogel **so dass Europa, die am** Fisch **Anfang furchtsam war**, Kette Musik Baum **diesem weißen Maul ihre Blumen** Berg Reise **hinstreckt. Der Stier** Vogel Fisch **stöhnt vor Lust,** Kette Musik **wirft sich wie ein** Baum **Hündchen ins Gras** Berg Reise **und bietet seine** Vogel Fisch **kleinen Hörner** Kette Musik **den Kränzen dar.** Baum **Die Prinzessin wagt es, auf seinen Rücken zu steigen, die Beine seitwärts gewendet.**

Leseherausforderung, Teil 2

Wollen Sie wissen, wie die Sage weitergeht? Dann versuchen Sie, die folgenden Wörter der Reihe nach rückwärts zu lesen:

nun tgeweb eid edreh hcis gilläffuanu mov nenekcort ttebssulf muz dnarts. rabniehcs nessolhcstnenu trehän red reits hcis med ressaw. nnad tsi se zu täps: nohcs tzrüts hcis sad eßiew reit ni eid nellew, tim aporue fua med nekcür, eis tednew hcis mu: tim red nethcer dnah tläh eis hcis na menie nroh tsef, tim red neredna tztüts eis hcis fua sad reit. eis ethcusrev ned reits kcüruz uz nebiert dnu feir mu eflih, ad eis thcin etssuw, ssad red eßiew reits suez raw, hcod se gnaleg rhi thcin. red guztful ßeil erhi redielk nrettalf, dnu red reits mmawhcs tim rhi fua eid lesni aterk, ow re hcis ni suez etlednawrevkcüruz

Personensuche

Entdecken Sie Namen im Buchstabensalat!

In diesem Buchstabensalat sind Namen versteckt. Finden Sie so viele wie möglich in 60 Sekunden! Namen können senkrecht, waagrecht oder diagonal geschrieben sein!

Material: Stift

Z	E	P	E	E	G	E	R	H	A	R	D	A	B	W
Y	T	V	R	A	W	L	U	F	F	A	T	C	E	O
G	F	R	A	N	Z	B	N	M	T	S	O	P	S	L
U	F	R	J	U	K	L	E	G	O	N	E	I	B	F
V	X	E	N	H	T	R	T	R	X	E	N	R	O	G
Z	K	Y	E	V	I	N	C	E	N	T	Z	T	Y	A
Z	L	A	T	T	N	X	W	G	N	H	T	O	P	N
H	E	D	T	T	O	O	T	O	G	O	M	N	B	G
W	M	R	V	H	I	K	D	R	I	M	P	L	D	Y
B	E	R	T	R	A	M	Z	N	D	A	N	N	A	R
R	N	U	B	N	P	R	Q	A	Y	S	B	I	W	B
O	S	T	E	F	A	N	I	E	Z	T	V	U	N	P
R	W	R	Q	R	X	U	O	N	W	D	E	R	H	A
Z	B	D	W	H	I	U	B	E	A	T	E	T	N	A
D	O	M	I	N	I	K	T	H	E	K	E	V	I	N

Nichts mehr vergessen!
Das Gedächtnis lässt nur nach, wenn man es nicht trainiert!
(Cicero)

Gedächtnis

Haben Sie schon einmal bei „Wetten dass…?" oder anderen Veranstaltungen Gedächtniskünstler gesehen, die sich Unmengen an Zahlen, Spielkarten oder Namen im Handumdrehen merken? Wie ist es möglich, dass sich diese Personen scheinbar unendliche Datenmengen spielerisch einprägen, während andere selbst kurze Einkaufslisten oder sogar die eigene Telefonnummer vergessen? Ganz einfach: Gedächtniskünstler wissen, wie Sie die Kapazität Ihres Gedächtnisses voll ausschöpfen!

Unser Gehirn verfügt über verschiedene Gedächtnissysteme. Geschichten und Erlebnisse merken wir uns besonders leicht. Diese werden im so genannten „episodischen Gedächtnis" gespeichert. Daten und Fakten hingegen prägen sich ins „semantische Gedächtnis" ein. Sie können Ihr episodisches Gedächtnis nützen, um sich komplizierte Inhalte zu merken, die Sie sonst vielleicht vergessen würden. Wie, das zeigen die Übungen in diesem Kapitel! Lernen und üben Sie Mnemotechniken, Merkstrategien aus der Antike, die Ihr Gedächtnis zu Höchstleistungen verhelfen!

Übungen – Gedächtnis:

- Einkaufsliste im Kopf
- Best of today
- Weißt du noch …
- Gedächtnispalast
- Knoten im Taschentuch
- Geschichten erzählen
- Bilderkette
- Merksprüche
- Gedächtnisreise

Einkaufsliste im Kopf

Wie Sie Ihren Körper als Merkhilfe verwenden

Sicherlich ist es Ihnen auch schon passiert, dass Sie den vorausdenkend geschriebenen Einkaufszettel zuhause vergessen haben. Darum üben Sie heute, wie Sie sich kurze Listen einfach und wirkungsvoll im Kopf notieren. Wir nützen dazu den eigenen Körper als Merkhilfe.

Die folgenden zehn Punkte werden die Haken für die Besorgungen auf unserer Liste.

Assoziieren Sie die folgenden 10 Erledigungen mit den 10 Körperpunkten:

1. Brief zur Post bringen
2. Geld abheben
3. Hundefutter
4. Knoblauch
5. WC-Papier
6. Pflaster
7. Fotos abholen
8. Zahnbürste
9. Öl
10. Blumen

z. B.:
1. Der Brief klebt auf der Fußsohle.
2. Ich schlage mir das Knie auf und brauche ein Pflaster.

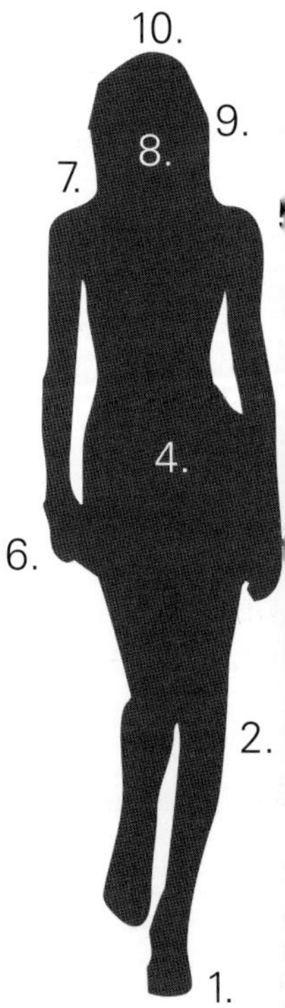

Jetzt sind Sie dran!

Verknüpfen Sie die nächsten 8 Besorgungen mit den entsprechenden Punkten an Ihrem Körper.

Best of today

Erinnern Sie sich an die schönen Momente in Ihrem Leben!

Übungszeitpunkt: abends

Haben Sie manchmal das Gefühl, dass das Leben an Ihnen vorbei läuft? Machen Sie folgende Übung an so vielen Abenden wie möglich, damit Sie die schönen Momente in Ihrem Leben nicht vergessen.

Setzen Sie sich entspannt hin und denken Sie zurück an den heutigen Tag. Was haben Sie erlebt? Wählen Sie einen besonders schönen Moment aus. Haben Sie heute spontan gelacht oder hat eine nette Begegnung oder eine freundliche Geste Sie überrascht? Sobald Ihnen ein denkwürdiger Augenblick eingefallen ist, halten Sie ihn kurz fest. Erinnern Sie sich an so viele Details wie möglich:

- Sehsinn: Was haben Sie in diesem Moment gesehen? War es hell oder dunkel? Welche Farben waren im Spiel? Gab es im Hintergrund etwas zu erkennen?
- Hörsinn: Welche Geräuschkulisse hat die Szene untermalt? Was wurde gesagt? Haben Sie laut gedacht? Können Sie Gedanken zurückfinden und formulieren?
- Tastsinn: Schließen Sie die Augen und rufen Sie das Gefühl zurück, dass Sie zu dem gewählten Zeitpunkt hatten. Wie war die Temperatur, was konnten Sie sonst so spüren?
- Geruchs- und Geschmacksinn: Können Sie sich an Geruchsempfindungen erinnern? Versuchen Sie sich in Erinnerung zu rufen, was Ihre Nase gerochen hat oder welchen Geschmack Sie auf der Zunge hatten.

Wiederholen Sie diese Übung an mehreren Abenden hintereinander und merken Sie am Ende der Woche selber, wie Sie sich auf diese Art und Weise an zahlreiche heitere Augenblicke erinnern!

Teamtraining:

Tauschen Sie Ihre Erinnerungen mit Ihrem Trainingspartner aus!

Weißt du noch …

Erforschen Sie Ihre gemeinsamen Erinnerungen

Diese Übung eignet sich für unterwegs! Bewahren Sie sie für den nächsten gemeinsamen Spaziergang!

Wir alle erinnern uns an unterschiedliche Details aus unseren Leben. Weitere Erlebnisse und Erzählungen verändern und verfälschen unsere Erinnerung. So kann es leicht passieren, dass Freundinnen und Freunde ganz unterschiedlich an bestimmte Erlebnisse zurückdenken. Finden Sie heraus, wie sich Ihr Rückblick unterscheiden, und erforschen Sie Ihre gemeinsamen Erinnerungen.

Wählen Sie, gemeinsam mit Ihrem Übungspartner, einen Moment, den Sie gemeinsam erlebt haben. Einigen Sie sich auf ein bestimmtes Erlebnis. Nehmen Sie sich 60 Sekunden Zeit und schreiben Sie in dieser Zeit, jeder für sich, so viele Details und Informationen wie möglich ein, die Ihnen zu diesem Ereignis einfallen. Notieren Sie Ihre Erinnerungen in Stichworten, auch kleine Skizzen und Symbole sind erlaubt.

Erzählen Sie sich nach dieser Zeit gegenseitig, woran Sie sich erinnern konnten, und erweitern Sie Ihre eigene Erinnerung dank der Stichworte Ihres Übungspartners. Sie werden merken, dass die Hinweise der anderen Person neue Erinnerungen wecken!

Material: zwei Stifte, zwei Bögen Papier

Teamtraining:

mindestens zwei Personen

Variante:

Wählen Sie zunächst ein Ereignis, das nicht so lang her ist (z. B. das letzte gemeinsame Abendessen). Erinnern Sie sich anschließend an einen Moment, der weit in der Vergangenheit liegt.

Gedächtnispalast

Der antike Philosoph Augustinus beschreibt das Gedächtnis als Palast, in dessen Räume wertvolle Schätze gehäuft sind. In der lateinischen Rhetorik sowie der griechischen Gedächtniskunst werden Räume genützt, um Informationen abzuspeichern. Gestalten Sie einen Gedächtnispalast Ihrer Erinnerungen! Diese Übung zeigt Ihnen, wie Sie das machen!

Blicken Sie sich in dem Raum um, in dem Sie sich jetzt befinden. Wählen Sie, im Uhrzeigersinn, zehn Positionen.

z. B.: Eingangstür, Kasten, Fenster etc.

Hier sehen Sie eine Liste aus zehn Tiernamen. Prägen Sie sich die Tiere ein, indem Sie sie in Gedanken an den zehn verschiedenen Positionen aufstellen.

1. Esel
2. Libelle
3. Tse-Tse-Fliege
4. Seelöwe
5. Zebra
6. Leguan
7. Polarfuchs
8. Schlangenei
9. Unke
10. Malteserhund

z. B.:
Vor der Eingangstür steht ein Esel
Ein Leguan liegt auf dem Kasten und rekelt sich in der Sonne.

Verbinden Sie alle Tiere mit den Positionen in Ihrem Raum.

Versuchen Sie anschließend, sich an die Tiere zu erinnern!

Übrigens:

Hinter den Tiernamen verstecken sich diejenigen Länder, die im Jahr 2004 der EU beigetreten sind. Können Sie sie erkennen?

z. B.:
1. Estland
2. Lettland

Knoten im Taschentuch

Nie wieder vergessen!

Ja früher war das einfach: Da hat man einfach einen Knoten in sein Taschentuch gemacht, und schon hat man nichts mehr vergessen ... Heutzutage haben wir zwar keine Stofftaschentücher mehr, aber im Prinzip können uns auch alltägliche Gegenstände an wichtige Informationen erinnern.

Passiert es Ihnen zum Beispiel auch manchmal, dass Ihnen abends im Bett noch wichtige Kleinigkeiten einfallen, die Sie noch erledigen sollten? Möglicherweise haben Sie einen Kurzausflug ins Nachbarland geplant und müssen noch den Pass einstecken?!

Machen Sie sich einen „Knoten in Ihr Taschentuch"! Stellen Sie doch den Wecker vom Nachttisch auf den Fußboden. Verknüpfen Sie den Wecker in Gedanken mit dem Pass, z. B.: Der Wecker ist vom Nachttisch auf den Fußboden geREIST.

Sobald in der Früh der Wecker läutet und nicht an seinem gewohnten Platz steht, erinnern Sie sich: „Ah ja, da war ja noch etwas Wichtiges!"

Woran möchten Sie in nächster Zeit denken? Bauen Sie einen Erinnerungshelfer.

So geht`s:

Wann?

Überlegen Sie sich einen konkreten Zeitpunkt. WANN wollen Sie sich erinnern?

Knoten ins Taschentuch

Verändern Sie irgendeine Kleinigkeit, die Ihnen zu dem bestimmten Zeitpunkt einfallen wird.

z. B.: Gegenstand an einen unüblichen Platz legen

Verknüpfen

Assoziieren Sie den Zeitpunkt mit der wichtigen Information, an die Sie denken möchten. Gestalten Sie ein einprägsames Erinnerungsbild, das Zeitpunkt mit Erinnerung verknüpft.

Geschichten erzählen

An Geschichten und Erlebnisse erinnern wir uns besonders leicht. Wir können dieses so genannte „episodische Gedächtnis" auch nützen, um uns wichtige Daten und Fakten einzuprägen, die ansonsten nur schwer merkbar sind.

Erzählen Sie Geschichten, um sich Auflistungen einzuprägen.

Sie sehen hier eine Liste aus acht Begriffen. Erzählen Sie eine Geschichte in der die Begriffe der Reihe nach vorkommen.

- Meer
- Ventilator
- Erde
- Marsmännchen
- Jubiläum
- Saat
- Urahne
- Nebel

z. B.: Ich mache Urlaub am Meer und weil es so heiß ist, schalte ich den Ventilator ein.

Erzählen Sie die Geschichte zu Ende!

Wiederholen Sie die Geschichte einmal und versuchen Sie sich nach fünf Minuten Pause daran zu erinnern. Können Sie die acht Begriffe aufzählen?

Teamtraining:

Erzählen Sie gemeinsam eine Merkgeschichte, indem Sie sich Satz für Satz abwechseln!

Übrigens:

Hinter den Begriffen verstecken sich die acht Planeten unseres Sonnensystems, mit größer werdendem Abstand von der Sonne:

Merkur, Venus, Erde, Mars, Jupiter, Saturn, Uranus und Neptun!

Bilderkette

So gewinnen Sie beim Spiel „Koffer packen"

Kennen Sie das Spiel „Koffer packen"? Es geht so: Der erste Spieler sagt den Satz: „Ich packe meinen Koffer und packe hinein: einen Teddybär." Der zweite Spieler wiederholt den ersten Gegenstand und packt einen weiteren Artikel ein: „Ich packe meinen Koffer und gebe hinein: einen Teddybär und eine Zahnbürste." Nun ist wieder der erste Spieler an der Reihe. Da auch er die ersten beiden Gegenstände wiederholt und einen weiteren einpackt, nennt er schon drei Dinge. So wird die Kette immer länger.

Verknüpfen Sie die einzelnen Begriffe miteinander, so werden Sie bei diesem Spiel unschlagbar und trainieren Ihr Gedächtnis.

Prägen Sie sich so die folgende Liste ein, indem Sie die einzelnen Punkt miteinander assoziieren:

- Teddybär
- Zahnbürste
- Sonnencreme
- Märchenbuch
- Rotwein
- Fotoapparat
- WC-Papier
- Feuerzeug
- Benzin
- Stöckelschuhe

z. B.:
Der Teddybär putzt seine Zähne mit der Zahnbürste.
Auf der Zahnbürste ist Sonnencreme.
Verknüpfen Sie die restlichen Begriffe.

Können Sie nun alle zehn Worte aufzählen?

Teamtraining unterwegs: 
„Koffer packen" können Sie gut unterwegs spielen. Spielen Sie mit einem Bekannten und bauen Sie eine derartige Bilderkette!

Merksprüche

Bauen Sie Eselsbrücken!

Kurze Auflistungen können Sie sich merken, indem Sie aus den Anfangsbuchstaben der Begriffe neue Wörter bilden, die Sie zu einem Satz zusammenfügen.

Merken Sie sich so die Bundesländer Österreichs:

- Wien
- Niederösterreich
- Oberösterreich
- Burgenland
- Steiermark
- Kärnten
- Salzburg
- Tirol
- Vorarlberg

Schreiben Sie dazu die Anfangsbuchstaben der Bundesländer heraus und suchen Sie einen geeigneten Satz!

Tipps:
Die Reihenfolge ist frei. Verschieben Sie die Buchstaben, wie Sie sie benötigen.

Je mehr Anfangsbuchstaben Sie verwenden, um ein neues Wort zu bilden, desto leichter können Sie sich später an das Bundesland erinnern, z. B.: „St“ statt „S“ für Steiermark.

Material: Stift und Papier

Gedächtnisreise

Wie gut ist Ihr Gedächtnis? Hier finden Sie eine Liste aus 40 willkürlichen Begriffen. Gehen Sie nun in Gedanken spazieren und folgen Sie einer bekannten Route. Prägen Sie sich die Worte ein, indem Sie sie an verschiedenen Positionen des Weges ablegen.

Wählen Sie zum Beispiel den Weg von Ihrer Haustür bis zum Supermarkt. Gehen Sie in Gedanken langsam Schritt für Schritt vorwärts und verknüpfen Sie die einzelnen Elemente der Liste mit verschiedenen Stationen.

z. B.:
An der Eingangstür hängt ein Hufeisen.
Auf den Treppen hinunter liegt ein Ei.

Wählen Sie eine Route, die Sie gut kennen, und prägen Sie sich so viele Begriffe aus der folgenden Liste ein! Wie weit kommen Sie?

Hufeisen	Ei	Känguru	Honig
Schuh	Hängematte	Hemd	Polster
Tulpe	Tischtennis	Hund	Decke
Kirche	Wolke	Radio	Geist
Flugzeug	Puppe	Kino	Sänger
Wald	Friseur	Apfel	Vater
Brille	Schüssel	Lagerfeuer	Hase
Dinosaurier	Universität	Schweinsbraten	Mozart
Stein	Vorhang	Müsli	Geld
Ameise	Leiter	Kaugummi	Pokal

Machen Sie zwischendurch eine andere Übung aus diesem Buch und versuchen Sie anschließend, sich zu erinnern. Gehen Sie dazu den Weg in Gedanken nochmals ab. Wie viele Begriffe finden Sie zurück?

Gedächtnisspaziergang
Wiederholen Sie die Übung, während Sie die gewählte Route tatsächlich abgehen!

blüffen Sie mit einem unfehlbaren Namensgedächtnis!
gib Deinen Feinden, aber vergiss niemals ihre Namen.
John F. Kennedy

Namensgedächtnis

Viele Menschen klagen über ein schlechtes Namensgedächtnis. Geht es Ihnen beim Wiedersehen auch so, dass Sie sich an alles Mögliche erinnern können, nur der Name ist wie weggeblasen? So erinnern wir uns an den Ort des letzten Treffens, an Gesprächsthemen und an viele persönliche Informationen, können uns nur an den Namen nicht erinnern.

In diesem Kapitel finden Sie zusätzliche Tipps und Übungen, Ihr Namensgedächtnis zu stärken, damit Sie Ihr Gegenüber in Zukunft mit seinem Namen ansprechen können.

Übungen – Namensgedächtnis:

- Berühmte Details
- Gesichter wiedererkennen
- Nachnamen merken: Bilder
- Nachnamen merken: Anfangsbuchstaben
- Nachnamen merken: Reime
- Vornamen merken: Eigenschaftswörter
- Vornamen merken: Bewegungen

Berühmte Details

Erkennen Sie Persönlichkeiten an ihrer Nasenspitze?

Hier sehen Sie Detailausschnitte aus Fotos von berühmten Persönlichkeiten. Können Sie erkennen, wer sich hinter den Aufnahmen verbirgt?

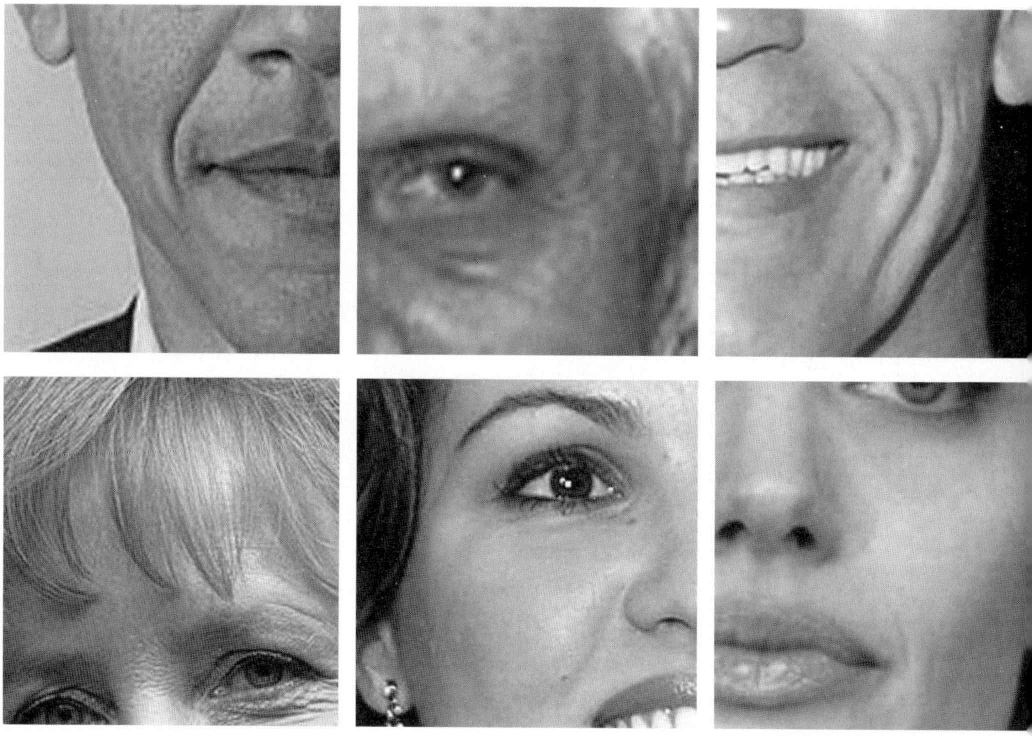

Gesichter wiedererkennen

Denken Sie wie ein Karikaturist!

Ein gutes Namensgedächtnis beginnt mit der Fähigkeit, Gesichter wiederzuerkennen. Diese wollen wir heute trainieren.

Sie finden hier Fotos von fünf Personen. Betrachten Sie sie mit den Augen eines Karikaturisten: Ein Karikaturist skizziert Gesichter von Personen und hebt dabei die markanten Details hervor. An welchen Merkmalen erkennen Sie die einzelnen Gesichter?

Betrachten Sie jedes Foto nur einmal und wählen Sie für jedes Gesicht ein Erkennungszeichen.

Können Sie die fünf Gesichter in den unten stehenden Fotos wiedererkennen?

Material: Stift

Nachnamen merken: Bilder

Nützen Sie Ihre Fantasie, um sich Namen zu merken!

Diese Übung zeigt Ihnen, wie Sie Ihre Vorstellungskraft dazu einsetzen können, Namen sicher abzuspeichern. Viele Namen können Sie sich bildlich vorstellen.

z. B.: Baumgartner: Denken Sie an einen Baum im Garten.
Zimmermann: Stellen Sie sich den Beruf vor.

Wichtig! Verknüpfen Sie das Bild mit der entsprechenden Person!

z. B.: Herr Baumgartner sitzt im höchsten Baum im Garten.
z. B.: Frau Zimmermann zimmert einen Dachstuhl.

Jetzt sind Sie dran!
Prägen Sie sich die Namen der folgenden Personen ein:

Frau Schuh

Herr Neuhauser

Herr Steiner

Herr Trinkl

Frau Winter

Absolvieren Sie zwischendurch eine Übung zu einem anderen Thema und versuchen Sie anschließend, sich zu erinnern!

An welche Namen können Sie sich noch erinnern?

Material: Stift

Nachnamen merken: Anfangsbuchstaben

Nützen Sie Ihren Wortschatz, um Namen abzuspeichern!

Haben Sie sich schon einmal spontan an einen vergessen geglaubten Namen erinnert, nachdem Ihnen jemand den Anfangsbuchstaben verraten hat? Wenn wir uns den Anfangsbuchstaben eines Namens merken, erinnern wir uns auch an den Rest! Machen Sie aus diesem Grund die heutige Übung und überlegen Sie sich zu jedem Namen ein Schlüsselwort, das mit demselben Anfangsbuchstaben beginnt. Assoziieren Sie die so gefundene Merkhilfe mit dem entsprechenden Gesicht!

z. B.:
Frau Turecek: Türe
Stellen Sie sich vor, wie Frau Turecek durch die Türe hineinkommt.

Finden Sie ähnliche Schlüsselwörter für die folgenden Nachnamen:

Frau Niesner

Herr Lebeda

Frau Halla

Herr Brozek

Frau Kukla

Absolvieren Sie eine Übung zu einem anderen Thema und testen Sie anschließend, ob die Anfangsbuchstabenmethode Ihr Namensgedächtnis verbessert, indem Sie versuchen, sich zu erinnern:

Material: Stift

Nachnamen merken: Reime

Starkes Namensgedächtnis für Poeten

Finden Sie Reimwörter, um sich schwierige Namen einzuprägen. Assoziieren Sie einen Begriff, der sich auf den Namen reimt, mit dem entsprechenden Foto und erfinden Sie einen kurzen, einprägsamen Merkspruch:

z. B.:
Frau Peraus: Frau Peraus kommt aus dem Haus „heraus".

Herr Torkan

Herr Pinter

Frau Skop

Frau Grand

Herr Rotter

Machen Sie zunächst eine beliebige andere Aufgabe aus diesem Buch, bevor Sie versuchen, sich zu erinnern.

Material: Stift

Vornamen merken: Eigenschaftswörter

Gutes Namensgedächtnis dank Menschenkenntnis

Haben Sie eine gute Menschenkenntnis? Können Sie Personen rasch Eigenschaften und Persönlichkeitsmerkmale zuordnen? Dann nützen Sie dieses Talent, um sich Namen zu merken.

So geht's: Überlegen Sie sich zu jedem Vornamen ein Eigenschaftswort, das mit denselben Anfangsbuchstaben beginnt. Verknüpfen Sie den entsprechenden Charakterzug mit der Person.

z. B.: Friederike ist friedlich.

Sie finden hier fünf Vornamen, lassen Sie sich passende Eigenschaften einfallen:

Klemens

Lucy

Veronika

Julia

Maximilian

Machen Sie fünf Minuten Pause.
An welche Namen können Sie sich noch erinnern?

Material: Stift

Vornamen merken: Bewegungen

Bringen Sie Ihr Namensgedächtnis in Schwung!

Bewegung ist nicht nur für den Körper wichtig. Auch das Gehirn profitiert von körperlichem Training. Außerdem können Sie Bewegungen nützen, um Ihr Gedächtnis zu stärken. Diese Übung zeigt Ihnen, wie Sie den ganzen Körper ins Spiel bringen, um sich Namen zu merken.

Bilden Sie Zeitwörter mit den Anfangsbuchstaben der Namen. Je außergewöhnlicher und ereignisreicher diese Tätigkeitswörter sind, desto besser. Stellen Sie sich jetzt vor, wie die entsprechende Person, diese Bewegung ausführt.

z. B.: Joachim jodelt.

Jetzt sind Sie dran! Finden Sie geeignete Tätigkeiten für die folgenden Personen:

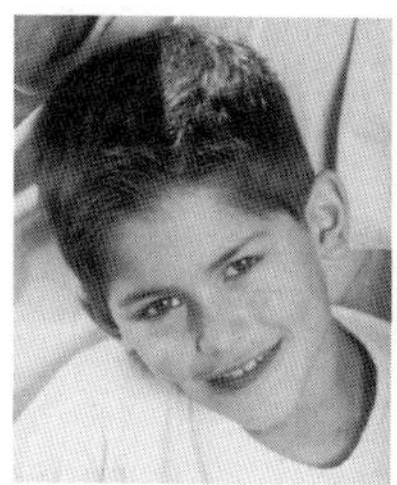

Renate Tanja Bastian Tobias Lara

Können Sie sich an die Namen erinnern? Ordnen Sie, am besten nach einer kurzen Pause, die entsprechenden Vornamen den folgenden Fotos zu.

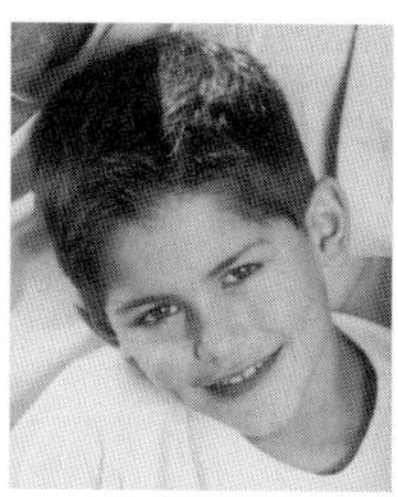

Material: Stift

Frischen Sie Ihre Allgemeinbildung auf!
Sobald jemand in einer Sache Meister geworden ist,
sollte er in einer neuen Sache Schüler werden.
(Gerhart Hauptmann)

Allgemeinwissen

Um ein Leben lang geistig fit zu bleiben, empfiehlt die amerikanische Neurowissenschaftlerin Nancy Andreasen[4] folgende einfache Maßnahme: Nehmen Sie sich täglich Zeit und setzen Sie sich mit einem neuen, unbekannten Wissensgebieten auseinander. Wählen Sie ein Thema, mit dem Sie bis jetzt nicht viel Kontakt hatten, und beginnen Sie Ihre Entdeckungsreise.

Dieser Tipp macht Sinn. Denn je aktiver wir sind, desto vielfältiger verknüpfen sich die Nervenzellen in unserem Oberstübchen. Indem Sie sich mit neuen Sachgebieten auseinander setzen, verdichten Sie Ihr Neuronennetz.

Geht es Ihnen auch so, dass viele Wissensinhalte, die Sie in der Schule gelernt haben, bereits vergessen erscheinen? Verknüpfungen, die wir nie nützen, werden abgebaut. Verwenden Sie das Wissen, das Sie sich angeeignet haben, und erweitern Sie Ihren Horizont! In diesem Kapitel finden Sie Anregungen, wie Sie Ihr Allgemeinwissen auffrischen können. Nehmen Sie das eine oder andere Thema zum Anlass, sich noch weiter mit dem Gebiet auseinander zu setzen!

Übungen – Allgemeinwissen:

- Lateinische Redewendungen
- Hauptstädte in der EU
- Fachchinesisch
- Künstler
- Ein Jahrtausend berühmter Persönlichkeiten
- Nutzloses Wissen
- Im Herzen Europas
- Nobelpreisträger
- Leseverständnis

Lateinische Redewendungen

Werden Sie so wortgewandt wie Asterix und Obelix!

Hier finden Sie eine Liste lateinischer Phrasen und Redewendungen. Haken Sie diejenigen ab, die Sie bereits kennen.

Raten Sie die Bedeutung der anderen.

- ad acta
- errare humanum est
- in extenso
- in memoriam
- intra muros
- lingua franca
- persona non grata
- status quo
- ad infinitum
- expressis verbis
- in flagrante delicto
- In spe
- lapsus linguae
- nota bene
- quid pro quo
- terra incognita
- de facto
- in absentia
- in media res
- in toto
- lapsus memoriae
- per se
- reductio ad absurdum

Im Lösungsteil sehen Sie die wahren Bedeutungen der lateinischen Phrasen. Wählen Sie eine Phrase aus und verwenden Sie sie heute in einem beliebigen Gespräch oder einer E-Mail!

Material: Stift

Hauptstädte in der EU

Spielen Sie Memory!

Schreiben Sie Ländernamen und Hauptstädte auf Karteikärtchen und legen Sie sie verdeckt auf. Der erste Spieler deckt zwei Karten auf, handelt es sich zufällig um ein Land-Hauptstadt-Pärchen, darf er die Karten behalten und die nächsten beiden Kärtchen umdrehen. Passen Land und Hauptstadt nicht zusammen, ist der nächste Spieler an der Reihe.

Spielen Sie, bis keine Karten mehr übrig sind!

- Niederlande – Amsterdam
- Deutschland – Berlin
- Belgien – Brüssel
- Bukarest – Rumänien
- Finnland – Helsinki
- Portugal – Lissabon
- England – London
- Spanien – Madrid
- Frankreich – Paris
- Lettland – Riga
- Bulgarien – Sofia
- Estland – Tallinn
- Litauen – Vilnius
- Österreich – Wien
- Griechenland – Athen
- Slowakei – Bratislava
- Ungarn – Budapest
- Irland – Dublin
- Dänemark – Kopenhagen
- Slowenien – Ljubljana
- Luxemburg – Luxemburg
- Zypern – Nikosia
- Tschechien – Prag
- Italien – Rom
- Schweden – Stockholm
- Malta – Valletta
- Polen – Warschau

Material: Karteikärtchen, Stift

Teamtraining:
Memory spielen macht zu zweit mehr Spaß! Sie können aber auch alleine üben.

Fachchinesisch

Erweitern Sie Ihren Wortschatz!

Kennen Sie die Bedeutung der folgenden zehn Fachausdrücke?

Falls Sie die Begriffe nicht erkennen, versuchen Sie, sie in kleinere Wortteile zu zerlegen. Können Sie einzelne Silben wiedererkennen? Erinnern Sie sich an eine Situation, in der Sie den Ausdruck gehört haben?

Lernen Sie Fachausdrücke nicht als Übersetzung, sondern fügen Sie si in Ihren Wortschatz ein, indem Sie Sätze bilden, in denen die Begriffe vorkommen.

Bilden Sie Sätze mit den folgenden Begriffen:

kontinuierlich: ____________________

prophylaktisch: ____________________

Konsens: ____________________

antizipieren: ____________________

Referendum: ____________________

kohärent: ____________________

Delegation: ____________________

monoton: ____________________

autark: ____________________

Circulus vitiosus: ____________________

Material: Stift

Künstler

Maler, Dichter, Sänger von A bis Z

Mit dieser Übung frischen Sie Ihre Kunst- und Kulturkenntnisse spielerisch auf. Finden Sie zu jedem Buchstaben des Alphabets einen Künstlernamen. Denken Sie an verschiedene Kunstformen, wie Musik, darstellende Kunst oder Dichtung. Fallen Ihnen zu allen Buchstaben KünstlerInnen ein?

A ____________________

B ____________________

C ____________________

D ____________________

E ____________________

F ____________________

G ____________________

H ____________________

I ____________________

J ____________________

K ____________________

L ____________________

M ____________________

N ____________________

O ____________________

P ____________________

Q ____________________

R ____________________

S ____________________

T ____________________

U ____________________

V ____________________

W ____________________

XYZ ____________________

Teamtraining:

Spielen Sie KünstlerInnen-ABC um die Wette. Gewonnen hat, wer in der vorgegebenen Zeit mehr passende Namen gefunden hat.

Material: Stift

Variante:

Wenn Sie sich besonders herausfordern wollen, beschränken Sie Ihre Suche auf eine bestimmte Richtung und suchen Sie zum Beispiel nur nach Künstlern einer bestimmten Epoche!

Jahrtausend berühmter Persönlichkeiten

Wann lebte …?

Mit dieser Übung frischen Sie Ihre Geschichtskenntnisse auf. Ordnen Sie die folgenden berühmten Persönlichkeiten am Zeitstreifen an, indem Sie sie mit einen Strich verbinden. Wann haben die verschiedenen Personen ungefähr gelebt?

1000

- Albert Einstein, US-schweizerischer Physiker
- Albertus Magnus, deutscher Gelehrter
- Albrecht Dürer, deutscher Maler
- George Washington, amerikanischer Politiker
- Johann Wolfgang von Goethe, deutscher Dichter
- Leonardo da Vinci, italienisches Universalgenie
- Macbeth, König von Schottland
- Maria Theresia, Erzherzogin von Österreich
- Martin Luther, deutscher Reformator
- Napoléon Bonaparte, französischer Kaiser
- René Descartes, französischer Philosoph
- Richard Löwenherz, König von England
- Sigmund Freud, österreichischer Psychologe
- Sir Isaac Newton, englischer Physiker
- Sir Karl Raimund Popper, österreichisch-britischer Philosoph
- Sissi, Kaiserin von Österreich-Ungarn
- William Shakespeare, englischer Dichter
- Wolfgang Amadeus Mozart, österreichischer Komponist

2000

Material: Stift

Nutzloses Wissen …

Allgemeinbildung mit Humor

Lernen und Wissenserwerb müssen keine trockene Angelegenheiten sein. Amüsieren Sie sich mit einer Portion nutzlosem Wissen.

Welche dieser fünf Aussagen ist falsch?

a. Die Konservendose gibt es bereits seit 1810. Der Dosenöffner wurde allerdings erst 1855 erfunden. 45 Jahre lang mussten Dosen mit den verfügbaren Schlag- oder Schneidewerkzeugen geöffnet werden. Als Dosenöffner dienten Beil, Hammer und Meißel oder ein Messer.[5]

b. Damenfußball war seitens des Deutschen Fußball Bundes von 1955 bis 1970 verboten.[6]

c. Das Schweizer Militär setzte Brieftauben (selbstreproduzierende Kleinflugkörper auf biologischer Basis) bis 1997 ein.[7]

d. Die Garzeit für ein hartgekochtes Straußenei beträgt je nach Größe 75 bis 90 Minuten.[8]

e. In Österreich gibt es ein Dorf namens „Lederhose".[9]

Nutzloses Wissen können Sie auch selber produzieren. Woher kommen die folgenden Sprichwörter?

- Da liegt der Hund begraben!
- Alles in Butter!
- Einen guten Rutsch ins Neue Jahr!

Teamtraining:

Erfinden Sie mögliche Erklärungen für die Herkunft der Sprichwörter! Stimmen Sie ab, wer die plausibelste Geschichte erzählt hat!

Im Herzen Europas

Der „stumme" Globus

Dieser Kreis stellt einen Globus dar. Sie haben ihn so gedreht, dass Wien zentral zu sehen ist. An welchen Punkten vermuten Sie die folgenden Städte? Schätzen Sie Abstände und Himmelsrichtungen und tragen Sie die Orte in die Zeichnung ein!

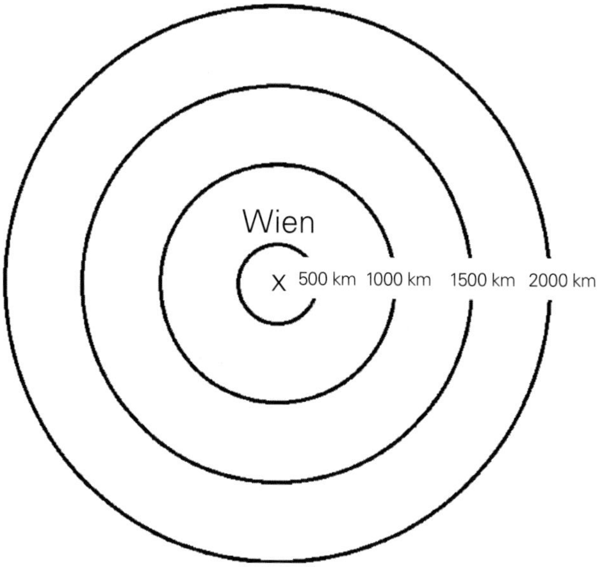

- Amsterdam
- Barcelona
- Budapest
- Istanbul
- London
- Rom
- Sofia
- Athen
- Berlin
- Dublin
- Kopenhagen
- Paris
- Salzburg
- Warschau

Material: Stift

Nobelpreisträger

Autoren und ihre Werke

Sie sehen hier die Namen der Literaturnobelpreisträger von 1999 bis 2008 sowie die Titel bekannter literarischer Werke.

Lesen Sie sich die Liste durch.

- Günther Grass: Die Blechtrommel
- Gao Xingjian: Das Buch eines einsamen Menschen
- Sir V. S. Naipaul: Eine islamische Reise
- Imre Kertész: Roman eines Schicksallosen
- J. M. Coetzee: Warten auf die Barbaren
- Elfriede Jelinek: Die Klavierspielerin
- Harold Pinter: Der Hausmeister
- Orhan Pamuk: Das neue Leben
- Doris Lessing: Das goldene Notizbuch
- Jean-Marie Gustave Le Clézio: Das Protokoll

Decken Sie jetzt die Liste ab und ordnen Sie die Werke den Schriftstellern zu, indem Sie sie mit einem Bleistiftstrich verbinden:

Günther Grass	Das Buch eines einsamen Menschen
Gao Xingjian	Das goldene Notizbuch
Sir V.S. Naipaul	Das neue Leben
Imre Kertész	Das Protokoll
J.M. Coetzee	Der Hausmeister
Elfriede Jelinek	Die Blechtrommel
Harold Pinter	Die Klavierspielerin
Orhan Pamuk	Eine islamische Reise
Doris Lessing	Roman eines Schicksallosen
Jean-Marie Gustave Le Clézio	Warten auf die Barbaren

Material: Stift und Papier

Leseverständnis

So lesen Sie nachhaltig!

Vielen Leuten passiert es regelmäßig: Sie nehmen ein Buch zur Hand und bemerken erst nach einigen Kapiteln, dass Sie die Erzählung schon einmal gelesen haben. Kennen Sie das auch? Geht es Ihnen auch so, dass Sie beim Zuklappen der Zeitung viele Artikel bereits vergessen haben?

Die folgende Übung zeigt Ihnen, wie Sie sinnerfassend und nachhaltig lesen können. Als Beispiel werden Sie einen Text lesen: die verkürzte Biographie von Mutter Teresa.

Wissen Sie, wer Mutter Teresa ist? Formulieren Sie zunächst mindestens fünf Fragen zum Leben Mutter Teresas. Was möchten Sie von der Biographie erfahren?

Suchen Sie im Internet (e.g. www.wikipedia.org) die Biographie von Mutter Teresa. Drucken Sie sie aus und verwenden Sie Ihren Stift, um wichtige Stellen zu markieren oder Notizen zu machen!

Beantworten Sie jetzt die fünf Fragen, die Sie anfangs gestellt haben. Suchen Sie gegebenenfalls die entsprechenden Stellen im Text.

Wir können uns häufig nicht an gelesene Texte erinnern, weil wir uns nicht die Zeit nehmen zu verarbeiten, was wir gelesen haben. Denken Sie an diese Übung, wenn Sie das nächste Mal Zeitung lesen, und versuchen Sie, nach jedem Artikel das Gelesene gedanklich zusammenzufassen.

Material: Stift und Papier

Variante:

Suchen Sie im Internet die Biographien anderer Persönlichkeiten und wiederholen Sie die Übung!

z. B.:
- Marie Curie
- Hannah Arendt
- Maria Theresia

Neue Ideen finden!
Phantasie ist wichtiger als Wissen,
denn Wissen ist begrenzt.
(Albert Einstein)

Kreativität

Um neue Ideen zu finden, flexibel zu denken und Visionen zu entwickeln ist Kreativität gefragt. Leider werden Kreativität und Fantasie im Laufe unseres Lebens durch Verstand und Logik übertrumpft. Vorstellungskraft und kreative Bilder helfen uns, Probleme zu lösen und neue Ideen zu entwickeln.

Viele Aufgaben in diesem Kapitel sind speziell darauf ausgelegt, Ihre visuelle Vorstellungskraft anzuregen. Räumlich-visuelle Vorstellungen werden in der rechten Gehirnhälfte verarbeitet, während Sie verbale (sprachliche) Aufgaben in der linken Hälfte Ihres Gehirns lösen.

Regen Sie Ihre rechte Gehirnhälfte an und steigern Sie Ihre Vorstellungskraft. Vernetzen Sie Ihre beiden Gehirnhälften mit den Übungen in diesem Kapitel!

Übungen – Kreativität:

- Pärchen bilden
- Das ist nicht möglich!
- Verdrehter Alltag
- Tagträume: Damals …
- Tagträume: Was wäre, wenn …
- Spiegelbild
- Wolkentiere
- Wir nennen ihn …!
- Märchentante
- Sicher ist sicher 1
- Sicher ist sicher 2

Pärchen bilden

Gestalten Sie Assoziationsbilder!

Lernen ist nichts anderes als das Knüpfen von Verbindungen. Immer, wenn Sie etwas lernen, assoziieren Sie neue Informationen mit Dingen, die Sie bereits wissen. Mit dieser Aufgabe üben Sie das Assoziieren. Sie sehen hier eine Reihe von zufällig gewählten Begriffen. Fügen Sie sie in einem gemeinsamen Bild zusammen.

z. B.: Banane Fahrrad
Eine Banane fährt Fahrrad.

Tipp: Je merkwürdiger, absurder und witziger Ihre Assoziationsbilder sind, desto besser!

Verknüpfen Sie die folgenden Begriffe möglichst kreativ und fantasievol

- Schlange – Hängematte
- Geschirrtuch – Jacke
- Sessel – Fußball
- Sonne – Auto
- Milch – Handtasche
- Apfelbaum – Rucksack
- Wolkenkratzer – Cocktail

Testen Sie, ob Ihre Assoziationen „merk-würdig" genug waren, und decken Sie die Liste ab. Können Sie sich an die fehlenden Begriffe erinnern?

Schlange –
Milch –
Geschirrtuch –
Apfelbaum –
Sessel –
Wolkenkratzer –
Sonne –

Teamtraining:
Diese Übung können Sie gut zu zweit machen! Denken Sie daran: Je humorvoller, merkwürdiger die Bilder sind, desto besser!

Material: Stift

Das ist nicht möglich!

Denken Sie sich Unsinn aus!

Alice laughed „There`s no use trying, one can`t believe impossible things." "I daresay you haven`t had much practice," said the Queen. "When I was your age, I always did it for half-an-hour a day. Why, sometimes I`ve believed as many as six impossible things before breakfast."
(Lewis Carroll)

Kennen Sie Alice im Wunderland? In Lewis Carroll`s Buch „Alice hinter den Spiegeln" erklärt die Weiße Königin dem Mädchen, wie man seine Kreativität und Vorstellungskraft trainieren kann: Denken Sie sich unmögliche Dinge aus!

Nehmen Sie sich 60 Sekunden Zeit und notieren Sie undenkbare, undurchführbare, utopische Ideen.

Unmöglich ist ...

....

....

....

....

...

...

....

Material: Stift

Wenn Sie darauf verzichten, Ihre Ideen aufzuschreiben, können Sie diese Übung auch gut unterwegs machen!

Teamtraining:
Machen Sie gemeinsam Unsinn! Wählen Sie die besten „unmöglichen Ideen" aus Ihren Einfällen!

Verdrehter Alltag

Machen Sie heute alles verkehrt!

Um geistig fit zu bleiben, müssen wir unser Gehirn ständig vor neue Herausforderungen stellen. So werden die Nervenzellen angeregt, neue Verbindungen zu stärken und sich vielfältig zu vernetzen.

Aus diesem Grund empfiehlt Ian Roberston[10], Psychologie Professor in Dublin, die folgende Alltagsherausforderung: Verwenden Sie aus diesem Grund heute Ihre ungeübte Hand, um Alltagshandgriffe zu erledigen. Sind Sie etwa Rechtshänder, putzen Sie heute Ihre Zähne mit links! Nehmen Sie die Zahnbürste in die linke Hand und konzentrieren Sie sich auf die Bewegungen der Hand. Anfangs wird es Ihnen nicht so leicht fallen und ungewohnt vorkommen, die andere Hand zu verwenden. Sie werden aber schnell merken, dass Sie immer besser und geübter werden: Ihr Gehirn hat dazugelernt!

Tagträume: Damals …

Werfen Sie einen Blick ins „Narrenkastl"

Während Kinder noch regelmäßig ihre Gedanken kreisen lassen und tagträumend herumsitzen, gewöhnen wir uns den „Blick ins Narrenkastl" mit dem Älterwerden ab. Dabei ist gerade das entspannte Schweifen der Gedanken besonders wichtig für unsere geistige Leistungsfähigkeit. Warum sonst kommen uns die guten Ideen häufig unter der Dusche oder kurz vor dem Einschlafen? Gönnen Sie sich darum jetzt einen Moment des Tagträumens.

Setzen Sie sich entspannt hin. Entspannen Sie Ihre Augen, indem Sie sie auf einen Punkt vor Ihnen richten, den Blick aber in die Ferne schweifen lassen. Sie schauen quasi über den gewählten Punkt hinaus.

Atmen Sie ruhig durch die Nase ein und den Mund wieder aus. Lassen Sie die Gedanken einfach kommen und gehen.

Denken Sie zurück an Ihre Kindheit. Erinnern Sie sich an Eis essen im Sommer, Ostereier suchen, Geschenke auspacken, einen Besuch im Tiergarten, Skifahren etc. …

Tagträumen Sie während Ihres nächsten Spaziergangs!

Tagträume: Was wäre, wenn ...

Werfen Sie einen Blick ins „Narrenkastl"

Ihr Kopf ist leer, Ihre Gedanken drehen sich im Kreis oder Sie können nur an Ihre Ängste und Sorgen denken?

Wählen Sie dann einen der folgenden Denkanstöße, um auf andere Gedanken zu kommen.
Was wäre, wenn ...

Stellen Sie sich vor, Sie würden im Lotto gewinnen, wären unsterblich, würden ein riesiges Haus in der Toskana erben, planten eine Reise nach Grönland etc. Lassen Sie Ihren Tagtraum zum Wunschtraum werden!
Damals ...

Tagträumen Sie während Ihres nächsten Spaziergangs!

Spiegelbild

Die Schönheit der Symmetrie

Nehmen Sie zwei Bleistifte in die Hand und ziehen Sie beidhändig die Konturen dieses Schmetterlings nach: Während die rechte Hand den rechten Fühler zeichnet, zeichnet die linke symmetrisch den linken etc.[11]

Da sich die Nervenbahnen kreuzen, steuert die rechte Gehirnhälfte die linke Körperhälfte und umgekehrt. Diese Übung koordiniert und vernetzt die beiden Seiten Ihres Körpers und hilft damit auch die beiden Hälften Ihres Gehirns miteinander zu koordinieren und zu vernetzen.

Material: zwei Bleistifte

Variante:

Zeichnen Sie andere symmetrische Figuren.

z. B.:

- Gesicht
- Vase
- Baum
- Blume

Wolkentiere

Kreativitätsschulung an der frischen Luft

Diese Übung eignet sich gut für unterwegs!

Für Sie sehen alle Wolken gleich aus?

Als Kind haben Sie die folgende Übung vielleicht instinktiv gemacht, als Erwachsene vergessen wir leider oft darauf, unsere Fantasie anzuregen. Werfen Sie an einem leicht bewölkten Tag einen Blick aus dem Fenster oder machen Sie einen Spaziergang im Freien. Beobachten Sie die Wolken: Können Sie irgendwelche Formen oder Figuren erkennen? Möglicherweise erinnert Sie die eine oder andere Wolke an ein Tier oder ein Gesicht. Je nach Windlage bewegen sich die Wolken und verformen sich. So können ganze Geschichten in Ihrem Kopfkino entstehen.

Nur zu, lassen Sie Ihrer Kreativität freien Lauf.

Teamtraining:
Tauschen Sie Ihre Einfälle aus!

Variante:

Schatten, Flammen, Tintenkleckse ... Figuren können Sie in allen möglichen Materien erkennen. Mit der Zeit werden Sie immer schneller und sehen bereits automatisch Gestalten in gestaltlosen Flecken.

Wir nennen ihn …!

Vergeben Sie Namen!

Mit dieser Übung schulen Sie Ihre sprachliche Kreativität.

Für Kinder ist die Welt viel lebendiger und farbenfroher als für uns Erwachsene. Stofftiere bekommen Namen und selbst Steine sind würdige Spielkumpanen. Namen zu vergeben ist gar nicht so einfach! Es erfordert eine gute Portion Fantasie, um sich einen passenden Namen auszuwählen oder sogar eine neue Bezeichnung zu erfinden.

Geben Sie Ihren Küchengeräten Namen! Denken Sie der Reihe nach an die verschiedenen Gegenstände und überlegen Sie sich passende Anreden. Sie können gebräuchliche Vor- oder Nachnamen verwenden oder sich ganz neue Silbenkombinationen einfallen lassen. Benennen Sie so Geschirrspüler, Schneebesen und das automatische Brotmesser.

Kleiner Tipp:
Achten Sie darauf, wie ein Wort klingt, wenn Sie auf Namenssuche gehen. Manche Buchstaben klingen weich und rund, wie zum Beispiel B, M, D. Andere Buchstaben sind eher hart und zackig, wie Z, K, oder P. Welche Laute passen zu welchem Gerät?

Teamtraining:
Gehen Sie gemeinsam auf Namensuche!

Märchentante

Verzaubern Sie Ihre Welt!

Wann haben Sie zum letzten Mal eine Geschichte erzählt? Es ist gar nicht so einfach, sich eine spannende Handlung zu überlegen. Geschichten erzählen erfordert Fantasie und Vorstellungskraft. Für diese Kreativitätsübung werden Sie darum eine Fantasiewelt erstellen.

Zählen Sie hier ein paar Personen aus Ihrem realen Leben auf. Das können Familienmitglieder, Freunde, Kollegen oder auch unliebsame Bekannte sein.

Jetzt kommt Ihre Fantasie ins Spiel: Verwandeln Sie die Personen in Fabelwesen – in Tiere oder auch in Fantasiegestalten.

Sie können Ihre Gedanken aufschreiben oder – was noch mehr Spaß macht – aufzeichnen!

Material: Stift und Papier

Teamtraining:

Erzählen Sie sich Ihre Geschichten gegenseitig.

Variante:

Verwenden Sie Ihre Fantasiefiguren als Akteure für eine Geschichte. Überlegen Sie sich ein Märchen, indem Ihre verzauberten Bekannten mitspielen.

Sicher ist sicher 1

Unknackbare Passwörter erfinden

„Sie sollten das Passwort regelmäßig ändern", empfiehlt der Netzwerkadministrator. Der hat Nerven! Da ist man froh, dass man sich endlich das erste Passwort gemerkt hat, und schon soll man ein neues erfinden?

Entwickeln Sie heute Passwörter, die bombensicher sind und die Sie trotzdem nicht vergessen werden.

Überlegen Sie sich einen Satz, der gut zur Passwort-geschützten Anwendung passt. Tippen Sie die Anfangsbuchstaben der einzelnen Wörter als Passwort in den Computer.

z. B.: Passwort für den Bildschirmschoner:
Viele Fotos aus dem Urlaub. VFADU
Ich finde den Bildschirmschoner meiner Firma langweilig! IFDBMFL

Erfinden Sie ähnliche Passwörter!

Material: Stift und Papier

Varianten:

Groß- und Kleinbuchstaben:
Noch sicherer wird Ihr Code, wenn Sie Groß- und Kleinbuchstaben einsetzen. Verwenden Sie Großbuchstaben nicht nur am Anfang Ihres Wortes! Sie können etwa alle Selbstlaute groß schreiben und alle Mitlaute klein oder umgekehrt.
z. B.: vfAdU oder VFaDu

Sicher ist sicher 2

Zahlenkombinationen für Ihr Passwort

Zahlenkombinationen:
Passwörter sind schwieriger zu knacken, wenn außer Buchstaben auch Zahlen verwendet werden.
Wählen Sie eine einfache Zahl, wie zum Beispiel Ihr Geburtsjahr, und mischen Sie es mit den Buchstaben:
Z. B.: VFADU + 1975 – V1F9A7D5U

Unknackbare Passwörter
Kombinieren Sie die drei Strategien, um bombensichere Passwörter zu erstellen:
z. B.: v1f9A7d5U

Material: Stift und Papier

Erhöhen Sie Ihre Rechenleistung!
Der Vorteil der Klugheit besteht darin, dass man sich dumm stellen kann. Das Gegenteil ist schon schwieriger.
(Kurt Tucholsky)

Arbeitsgedächtnis

Je größer der Arbeitsspeicher ist, desto schneller ist der Computer. Das gilt auch für unser Gehirn. Dank Ihres Arbeitsgedächtnisses können Sie mentale Aufgaben bewältigen: eine Frage beantworten, ohne diese zu vergessen, Kopfrechnen und vieles mehr!

Als fluide Intelligenz bezeichnen Psychologen die Fähigkeit, Probleme zu lösen. Sie spielt damit eine entscheidende Rolle bei Lernvorgängen und steht in engem Zusammenhang mit akademischem und beruflichem Erfolg. Je größer Ihr Arbeitsgedächtnis ist, desto höher ist auch Ihre fluide Intelligenz.

Ein Forscherteam an der Universität Michigan[12] hat nun gezeigt, dass ein gezieltes Training des Arbeitsgedächtnisses die fluide Intelligenz steigern kann!

In diesem Kapitel finden Sie zahlreiche Übungen, die Ihr Arbeitsgedächtnis optimieren! Erhöhen Sie Ihre Rechenleistung!

Übungen – Arbeitsgedächtnis:

- Zahlenpyramide
- Papagei verkehrt
- Verkehrte Telefonnummer
- wechstaben verBuchseln
- Vermisst!
- Quadrate zählen
- Chunking
- Purzelbaum im Kopf
- Zeichenstunde

Zahlenpyramide

Ermitteln Sie Ihre Ziffernspanne

Mithilfe der Zahlenpyramide können Sie Ihr Arbeitsgedächtnis trainieren und Ihren Erfolg direkt ablesen. Sie sehen hier eine Pyramide. Sie besteh aus Ziffernfolgen unterschiedlicher Länge. Bedecken Sie den unteren Teil der Pyramide mit einem Blatt Papier, sodass nur die oberste Ziffer zu sehen ist. Lesen Sie sie und verdecken Sie sie anschließend mit dem Papier. Können Sie sich an die Ziffer erinnern? Schreiben Sie sie auf! Schieben Sie jetzt den Bogen Papier weiter hinunter, sodass die nächste Ziffernfolge zusehen ist. Lesen Sie sie durch und verdecken Sie sie wieder.

Prägen Sie sich so der Reihe nach die einzelnen Ziffernreihen ein. Wie weit kommen Sie?

5
3 8
3 2 0
5 8 9 1
0 2 3 7 4
8 3 6 0 1 4
8 2 6 7 6 6 1
0 1 3 9 0 2 3 8
1 0 2 8 3 2 1 9 7
2 9 4 5 2 9 3 3 1 9

Wiederholen Sie die Übung mit dieser zweiten Pyramide

8 9 3
2 0 1 3
0 3 8 9 3
8 2 0 9 1 7
2 9 7 4 2 9 4
9 2 3 6 4 8 2 1
0 3 6 7 8 1 2 3 6
1 5 3 8 4 9 1 7 8 5

Material: Stift und Papier

Papagei verkehrt

Drehen Sie dem Radiosprecher die Worte im Mund um!

Um einen Satz nachzusprechen, den Sie gehört haben, benötigen Sie Ihr Arbeitsgedächtnis. Noch schwieriger ist es, den Satz rückwärts nachzusprechen.

Lesen Sie den folgenden Satz, schließen Sie anschließend die Augen und versuchen Sie die Worte von hinten nach vorne aufzusagen.

z. B.:

- Wir drehen Sätze um.
  Wird zu: um – Sätze – drehen – wir

Lesen Sie die folgenden Sätze ebenfalls der Reihe nach. Schließen Sie nach jedem gelesenen Satz die Augen und sprechen Sie ihn rückwärts nach!

- Hier stehen Übungssätze.
- Kurze Sätze sind recht einfach.
- Je länger der Satz ist, desto schwieriger ist diese Übung.

Schalten Sie jetzt das Radio ein. Wählen Sie einen kurzen Satz und drehen Sie nach dem Satz die Lautstärke hinunter. Sprechen Sie die Worte nun in umgekehrter Reihenfolge nach. Je geübter Sie werden, desto längere Sätze können Sie für diese Übung auswählen.

Material: Radio

Teamtraining:

Sie können diese Übung auch zu zweit machen. Dann können Sie auch auf das Radio verzichten. Fordern Sie sich gegenseitig mit kurzen Sätzen heraus!

Verkehrte Telefonnummer

Drehen Sie Ihre Telefonnummer um!

Die folgende Aufgabe trainiert Ihr Arbeitsgedächtnis. Erhöhen Sie die Kapazität Ihres Arbeitsspeichers und steigern Sie damit Ihre Denkleistung!

Denken Sie an den Pincode Ihres Handys oder den Code Ihrer Bankomatkarte. Können Sie diese Ziffernfolge auswendig?

Versuchen Sie nun, in Gedanken, die einzelnen Ziffern von hinten nach vorne aufzusagen.

z. B.:
aus 3862 wird 2 – 6 – 8 – 3

Wie lautet Ihre Telefonnummer? Drehen Sie nun Ihre Telefonnummer um und zählen Sie die einzelnen Ziffern von hinten nach vorne auf.

z. B.:
aus 015853472 wird 2 – 7 – 4 – 3 – 5 – 8 – 5 – 1 – 0

Denken Sie an andere Zahlen, die Sie auswendig beherrschen, und versuchen Sie, sie von hinten nach vorne aufzusagen.

Teamtraining:

Sagen Sie sich gegenseitig Ziffernfolgen an, um sie verkehrt nachzusprechen. Beginnen Sie mit dreistelligen Zahlen und steigern Sie die Anzahl mit jedem Durchgang!

wechstaben verBuchseln

Buchstabieren Sie rückwärts!

Sie trainieren Ihr Arbeitsgedächtnis, wenn Sie mehrere Informationen gleichzeitig verarbeiten und geistig verändern und verdrehen.

Heute verdrehen Sie Buchstaben in Ihrem Kopf! Sie finden hier eine Reihe an Begriffen. Lesen Sie jeweils ein Wort und versuchen Sie anschließend – mit geschlossenen Augen – es rückwärts zu buchstabieren.

z. B.:
Wort wird zu T – R – O – W

Los geht`s!

Buch	Haus	Korn	Fein	Mond
Blume	Musik	Jacke	Raupe	Tisch
Wasser	Gehirn	Frosch	morgen	Sänger
Gesicht	Walfang	Zeitung	Fahrrad	Vorhang
Flugzeug	Vorsicht	Grönland	Gewitter	Lehrerin

Teamtraining: 

Trainieren Sie gemeinsam und fordern Sie sich gegenseitig mit immer längeren Begriffen heraus.

Vermisst!

Welche Figur fehlt?

Sie sehen hier verschiedene Symbole. Ihre Aufgabe ist es, die Bilder kurze Zeit im Gedächtnis zu behalten, um zu erkennen, welche Symbole in der rechten Spalte fehlen.

Legen Sie einen Bogen Papier über die rechte Spalte. Betrachten Sie 15 Sekunden lang die erste Zeile der linken Spalte.

Schieben Sie anschließend den Bogen nach links, sodass er das Originalbild verdeckt.

Betrachten Sie die Abbildung auf der rechten Seite. Können Sie erkennen, welches Symbol fehlt?

Material: Papier, Stoppuhr

Quadrate zählen

Wie viele Quadrate sehen Sie?

Sie sehen hier eine einfache Abbildung. Wie viele Quadrate können Sie zählen?

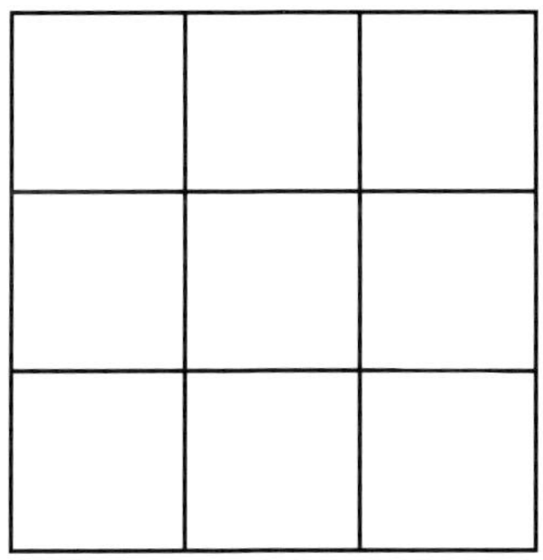

Varianten:

Noch eine Nummer schwieriger sind die folgenden beiden Abbildungen. Wie viele Quadrate finden Sie hier?

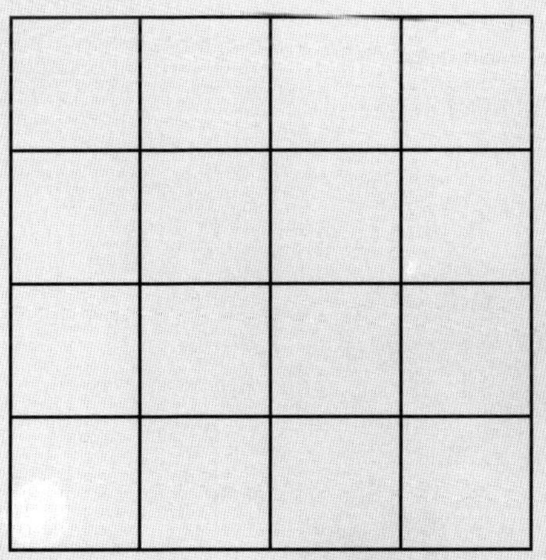

Chunking

Informationseinheiten zusammenfassen

In unserem Arbeitsgedächtnis haben durchschnittlich sieben Elemente Platz. Wir können uns sieben Ziffern, also eine Telefonnummer, merken oder einen Satz aus sieben Worten rückwärts sprechen. Durch Training können Sie die Kapazität Ihres Arbeitsspeichers erweitern, sodass mehr Informationseinheiten Platz haben.

Sie können aber auch mehrere Informationen zusammenfassen. Das nennt man „Chunking“.

z. B.:
Sie können sich leichter die Zahlen 1492 und 2009 merken als die Einzelziffern 1 – 4 – 9 – 2 – 2 – 0 – 0 – 9

Bilden Sie „Chunks“ aus der folgenden Zahlenfolgen: Können Sie die Ziffern zu bekannten Zahlen zusammenziehen? Markieren Sie die einzenen „Chunks“:

0 9 1 1 2 0 0 1 1 4 4 2 4 1 2 7 4 7 3 1 1 2 1 9 9 9

Material: Stift

Purzelbaum im Kopf

Mentale Rotation

Ihr Arbeitsgedächtnis befähigt Sie dazu, Informationen im Geist zu verdrehen und zu verändern. Mentale Rotation – das Drehen von Objekten vor Ihrem inneren Auge – ist eine derartige Aufgabe.

Finden Sie heraus, welche Figuren in der rechten Spalte das Spiegelbild der Figur in der linken Spalte sind!

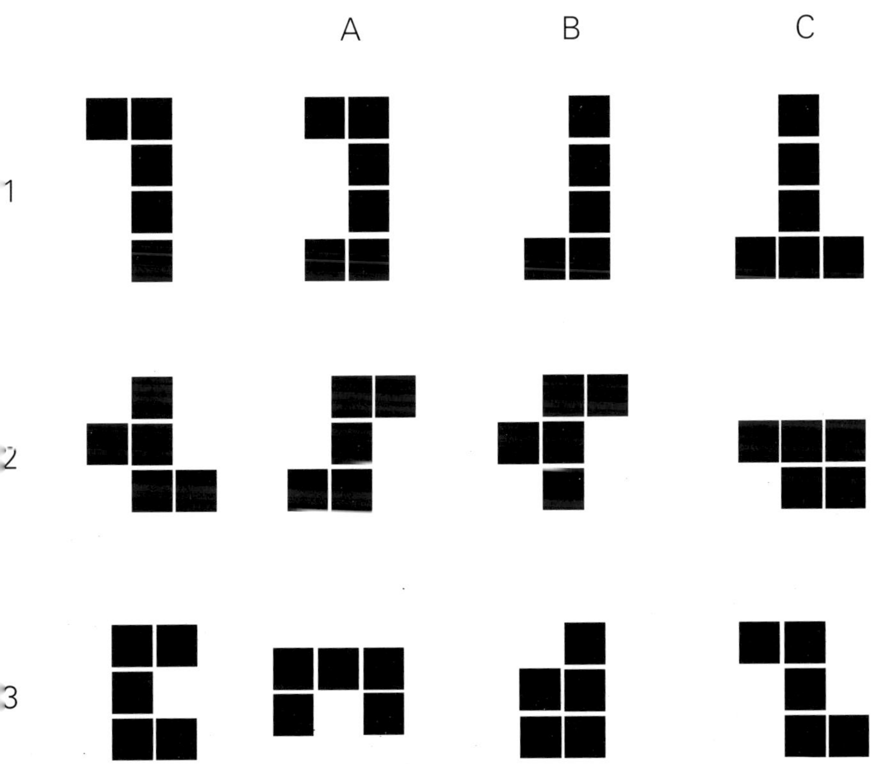

Zeichenstunde

Malen aus dem Gedächtnis

Trainieren Sie Ihr Kurzzeitgedächtnis! Sie dürfen Sich die unten stehende Abbildung 30 Sekunden lang ansehen. Verdecken Sie sie anschließend mit dem Papier und versuchen Sie, sie aus dem Gedächtnis nachzuzeichnen.

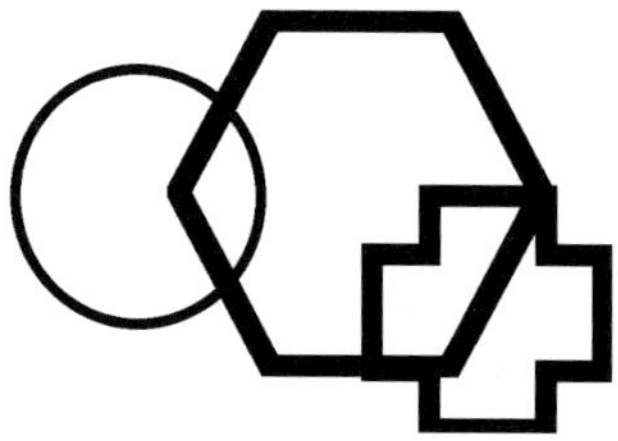

Vergleichen Sie, ob Sie alle Details korrekt wiedergegeben haben. Stimmen die Verhältnisse und Proportionen?

Material: Stift und Papier

Variante:

Wiederholen Sie diese Übung mit folgenden Abbildungen:

Die richtigen Worte finden!
Sage nicht immer, was Du weißt,
aber wisse immer, was Du sagst.
(Matthias Claudius)

Sprachtalent

Die beste Erkenntnis hilft Ihnen nicht weiter, wenn Sie sie nicht in Worte fassen können. Dank unserer Sprache können wir Wissen untereinander kommunizieren und austauschen.

Sapir und Whorff haben die Hypothese aufgestellt, dass Denken an Sprache gekoppelt ist. Je differenzierter und flexibler unsere Sprache ist, desto tiefgehender und umfassender können wir entsprechend auch denken.

Aus diesem Grund werden wir in diesem Kapitel unser Sprachtalent trainieren.

Worte und Bezeichnungen sind in Ihrem Gedächtnis durch Assoziationen miteinander verknüpft. So entsteht ein dichtes Netz an Bedeutungen, das so genannte semantische Netz. Erkunden und erweitern Sie das dichte Netz Ihres Wortschatzes!

Übungen – Sprachtalent:

- Tierkette
- Werbetexter!
- Wörter finden
- Ich bin …
- Synonyme
- Neuschaffungen
- Das längste Wort
- Schüttelreime
- Zahlengedichte

Tierkette

Hund – Drache – Elefant –

Diese Übung eignet sich für unterwegs.

Bilden Sie eine Wortkette. Hängen Sie die Begriffe so aneinander, dass der Endbuchstabe eines jeden Wortes der Anfangsbuchstabe des nächsten Begriffs ist, z. B.: SalaT – TüR – Radio ...

Teamtraining:
Diese Übung können Sie auch zu zweit machen und abwechselnd Begriffe nennen.

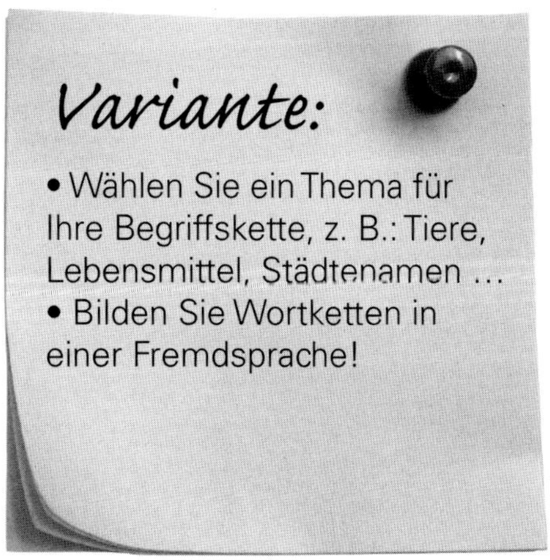

Werbetexter!

Erfinden Sie neue Werbeslogans

Gehen Ihnen die Werbesprüche auf die Nerven, die Sie ständig hören? Machen Sie es besser und erfinden Sie neue!

Finden Sie Werbesprüche für die folgenden Marken:

- Baumax
- Radiosender ö3

Mögliche Vorgehensweise:

Reim:
Viele Werbesprüche reimen sich. Finden Sie ein Wort, das sich auf den Produktnamen reimt.

Kürze:
Werbesprüche sind besonders effektiv, wenn Sie kurz und prägnant sind.

Beschreiben Sie das Produkt in wenigen Sätzen. Kürzen Sie anschließend so viele Wörter wie möglich weg, bis eine knappe Formulierung übrig bleibt.

Wörter finden

Suchtour durch das Wortgestrüpp!

Diese Aufgabe regt Ihre Sprachzentren an. Suchen Sie im Nervennetz der Worte gezielt nach Begriffen:

1. Schreiben Sie so viele Begriffe wie möglich auf, die mit dem Buchstaben „S" beginnen. Sie haben 30 Sekunden Zeit!

2. Suchen Sie nun so viele Begriffe wie möglich, die auf „S" enden. Zeit: 30 Sekunden!

Material: Stift, Papier, Stoppuhr

Teamtraining:
Wer findet in der vorgegebenen Zeit mehr passende Begriffe?

Ich bin …

In einem Namen steckt mehr als nur ein Wort.

Schreiben Sie Ihren Vornamen Buchstabe für Buchstabe untereinander. Finden Sie nun zu jedem Buchstaben ein Eigenschaftswort, das zu Ihnen passt. Derartige Wortfolgen, bei denen die Anfangsbuchstaben einen Begriff ergeben, nennt man übrigens „Akrostichone".

z. B.:
Kommunikativ
Abenteuerlustig
Talentiert
Hartnäckig
Interessiert

Material: Stift und Papier

Synonyme

Wie reich ist Ihr Wortschatz?

Ihre Wortschatzkiste ist voller, als Sie denken! Trotzdem verwenden Sie im Alltag wahrscheinlich nur einen Bruchteil der Worte, die Sie eigentlich kennen! Das werden Sie heute ändern. Die heutige Übung fordert Sie auf, in Ihrer Wortschatzkiste zu kramen und den vollen Umfang Ihrer Wortgewandtheit auszunutzen.

Synonyme sind sinnverwandte Wörter. So haben die Begriffe „Henne" und „Huhn" die gleiche Bedeutung. Tätigkeiten lassen sich auf viele verschiedene Arten ausdrücken.

Wie viele Synonyme für das Wort „sagen" können Sie finden?

Sie haben 60 Sekunden Zeit!

Material: Stift und Papier

Teamtraining:
Wer von Ihnen findet in 60 Sekunden mehr Synonyme?

Variante:

Diese Übung können Sie auch mit anderen Begriffen durchführen. Versuchen Sie es zum Beispiel mit

- gehen
- essen
- arbeiten.

Neuschaffungen

Abkürzungen als Inspirationsquelle

Für diese Übung sind Sprachtalent und Kreativität gefragt!

Zahlreiche Abkürzungen sind Ihnen geläufig: AKH – allgemeines Krankenhaus; ÖBB – die österreichische Bundesbahn; ORF – Österreichischer Rundfunk etc.

Diese Abkürzungen könnten außer für diese gängige Bedeutungen auch für andere Wortkombinationen stehen.

z. B.: AKH – alle Kranken hinein

Finden Sie neue Bedeutungen für die folgenden Abkürzungen:

- ÖBB
- ORF
- SPÖ
- AUA
- DM

Das längste Wort

Donaudampfschifffahrtsgesellschaftskapitän ...

Diese Übung eignet sich für unterwegs.

Bilden Sie ein beliebiges zusammengesetztes Wort.

z. B. Apfelbaum, Haustür ...
Verlängern Sie es, indem Sie noch ein Wort anhängen.

z. B.: Apfelbaumrinde, Haustürschlüssel
Bilden Sie auf diese Art und Weise immer längere Wörter.

Wie lange ist der längste Begriff, den Sie kreieren können?

Teamtraining:

Nennen Sie abwechselnd passende Begriffe für Ihre Wortkette. Wer das letzte passende Wortglied findet, hat gewonnen.

Schüttelreime

Sprache verrenken und verschränken

Ein Schüttelreim ist ein Reim, bei dem einzelne Wörter ineinander verschränkt werden.
Durch das gezielte Vertauschen einzelner Buchstaben werden aus Wörtern neue Begriffe.

z. B.:
„Kopf oder Zahl" wird durch Vertauschen von K und Z zu „Zopf oder kahl"
„Latente" wird durch vertauschen von L und T zu „Talente"

Finden Sie Wörter, die Sie auf ähnliche Weise durch Verdrehen und Vertauschen in neue Begriffe umwandeln können.
Bilden Sie anschließend mit den gefundenen Wörtern einen Satz und Sie haben Ihren ersten Schüttelreim.

Zur Inspiration ein paar ausgewählte Schüttelreime.

Und weil er Geld die Menge hatte,
lag stets er in der Hängematte.

Schimpf' doch nicht so hitzig weiter,
Lach stattdessen, witzig, heiter!

Willst du einen Lachgefährten,
nimm dir keinen Fachgelehrten.[13]

Material: Stift und Papier

Zahlengedichte

Finden Sie Reimwörter für Zahlen

Steckt in Ihnen ein Poet? Dann wird Ihnen diese Sprach-Übung nicht schwer fallen. Ihre Aufgabe ist es, Reimwörter zu finden. Sie können spontan überlegen, welche Begriffe Ihnen einfallen, oder systematisch vorgehen: Hängen Sie dazu die Wort-Endungen der einzelnen Begriffe einfach der Reihe nach an die einzelnen Buchstaben des Alphabets und achten Sie darauf, ob ein geeignetes Reimwort entsteht.

Finden Sie Wörter, die sich auf die folgenden Ziffern reimen:

1. EINS
2. ZWEI
3. DREI
4. VIER
5. FÜNF
6. SECHS
7. SIEBEN
8. ACHT
9. NEUN
10. ZEHN

Material: Stift

Mach' dir keine Sorgen wegen deiner Schwierigkeiten mit der Mathematik. Ich kann dir versichern, dass meine noch größer sind.
Albert Einstein

Zahlengeschick

Jonglieren Sie mit Zahlen!

Exceltabellen und Taschenrechner erleichtern uns den Alltag! Leider verlernen wir durch sie auch das Kopfrechnen, selbst wenn wir in der Schule gute Rechner waren! Sie stehen mit Zahlen auf Kriegsfuß, können sich selbst kurze Zahlenfolgen nur schwer einprägen und schätzen Mengen grundsätzlich falsch ein? Profitieren Sie von diesem Kapitel und üben Sie Ihr Sprachgeschick!

Unser Gehirn gewinnt am meisten durch regelmäßige und wiederholte Übungen. Integrieren Sie dieses Training darum in Ihren Alltag und üben Sie zwischendurch. Beginnen Sie bei Ihrem nächsten Supermarktbesuch und schätzen Sie, wie viel Ihr Einkauf kosten wird. Beginnen Sie mit groben Schätzungen und versuchen Sie mit der Zeit, Beträge immer genauer vorherzusagen.

Übungen – Zahlengeschick:

- Rechenschlange
- Zahlenbilder
- Rechensprünge
- Rechnungen entdecken
- Zahlenbilder für Fortgeschrittene
- Rechnen im Stau
- Pincode-Gedichte
- Pincode-Sprüche
- Zahlengedächtnis

Rechenschlange

Finden Sie das richtige Ergebnis

Kopfrechnen muss regelmäßig geübt werden. Nehmen Sie sich darum Zeit, für diese Übung.

Finden Sie in der folgenden Zahlenreihen Ziffern, die gemeinsam die gefragten Ergebnisse ergeben.

Unterstreichen Sie alle Ziffernpaare, deren Summe 10 ergibt:

9234796214875675322138075346763229086312579963246753246808

Finden Sie in der nächsten Zahlenreihe Dreiergruppen, deren Summe 13 ergibt:

9843021757642468087668098798532123234356788654679890976890

Finden Sie in der nächsten Zahlenreihe Dreiergruppen, deren Summe 19 ergibt:

7425752132380862134247938193938537976532689385392637065273

Material: Stift

Zahlenbilder

Entdecken Sie Formen in Zahlen

Unser Gehirn ist sehr schlecht darin, bedeutungslose Informationen abzuspeichern. Zahlen sind unter anderem darum schwer zu behalten, da Ziffern abstrakte Symbole sind. Bringen Sie Leben in Zahlen und erforschen Sie, welche Bilder sich hinter den Ziffern verbergen. Was fällt Ihnen zu den verschiedenen Zahlen ein?

z. B.: Die Zahl 2 sieht aus wie ein Schwan.

Skizzieren Sie passende Bilder zu den Ziffern 0–9.

0

1

2

3

4

5

6

7

8

9

Material: Stift

Teamtraining:

Vergleichen Sie Ihre Einfälle mit denen Ihres Trainingspartners.

Rechensprünge

Kopfrechnen zwischendurch

Um Ihre Fähigkeit, im Kopf zu rechnen, aufrecht zu erhalten, ist es wichtig, häufig zu üben. Die folgende Übung können Sie in Wartezeiten zwischendurch, unterwegs oder in Werbepausen durchführen:

Zählen Sie von 100 in 3er-Schritten hinunter.
z. B.: 100 – 97 – 94 – 91 – 88 etc.

Variante:

Natürlich können Sie auch andere Rechenschritte wählen. Schwieriger ist es, wenn Sie zweistellige Zahlen von 1000 abziehen!

Rechnungen entdecken

Erkunden Sie Ihre Telefonnummer

Schreiben Sie Ihre Telefonnummer auf ein Blatt Papier. Betrachten Sie die Zahl und versuchen Sie, in der Ziffernfolge Rechnungen zu entdecken.

z. B.: 01/5853472
8–5 = 3
3+4 = 7

Diese Übung eignet sich für zwischendurch.

z. B.: Suchen Sie Rechnungen im Kilometerstandsanzeiger, während Sie im Stau stehen.

Material: Stift

Zahlenbilder für Fortgeschrittene

Assoziationen zu zweistelligen Zahlen

Geht es Ihnen auch so, dass Sie sich eine Telefonnummer besser merken können, wenn sich eine bekannte Jahreszahl darin verbirgt? Vergessen Sie den einen oder anderen Geburtstag deswegen nicht, weil das Datum Ihrer Hausnummer entspricht?

In vielen wichtigen Zahlenkombinationen verstecken sich bekannte Zahlen. Dies kann Ihnen dabei helfen, Zahlen zu memorieren.

Nehmen Sie sich Zeit und überlegen Sie sich Assoziationen zu den folgenden Zahlen:

Was fällt Ihnen spontan zu den folgenden Zahlen ein?

z. B.: 23 – Wiener Bezirke. (Wien hat 23 Bezirke)

11

12

18

21

23

24

50

69

99

Material: Stift

Teamtraining:

Gemeinsam haben Sie mehr Ideen, vergleichen Sie Ihre Listen!

Variante:

Schreiben Sie die Zahlen 00 – 99 auf und überlegen Sie, zu welchen Kombinationen Ihnen bekannte Zahlen einfallen.

Rechnen im Stau

Zahlenspiele mit Autokennzeichen

Nützen Sie die Zeit, die Sie im Straßenverkehr verbringen dazu, Ihre mathematische Intelligenz zu trainieren. Hier finden Sie Anregungen für Rechenspiele mit Autokennzeichen.

Abziehen

Ziehen Sie die einzelnen Ziffern des Nummernschilds von 10 ab.

riante:

gen Sie die Autokennzeichen in stellige Zahlen und ziehen Sie diese 100 ab.

maleins

n Sie das Einmaleins, während Sie Auto sitzen. Multiplizieren Sie dazu einzelnen Ziffern der Nummernta- vor sich. Sie können auch gezielt e Malreihe üben und z. B. der ihe nach alle Ziffern des Nummern- hilds mit 3 multiplizieren.

Variante:

Multiplizieren Sie nicht einzelne Ziffern, sondern jeweils eine zweistellige Zahl mit der darauffolgenden Ziffer!

Ergebnisjagd

Alle Rechenformen sind erlaubt! Sie dürfen addieren, subtrahieren, multiplizieren oder auch divdieren. Versuchen Sie der Reihe nach die Ergebnisse 1, 2, 3, 4, 5 etc. zu erhalten.
z. B.: Das Auto vor Ihnen hat folgendes Nummernschild: W 82396L
Folgende Rechnungen sind möglich:
3–2=**1**; 2=**2**; 3=**3**; 6–2=**4**; 2+3=**5**; 8–2=**6**
usw.

Pincode-Gedichte

Achten Sie auf die Buchstabenzahl

Die folgende Methode können Sie nützen, um sich wichtige Zahlenkombinationen wie Passwörter oder Pincodes einzuprägen. Schreiben Sie die Ziffern nebeneinander. Suchen Sie nun einen Satz, bei dem jedes Wort aus genau so vielen Buchstaben besteht, wie die einzelnen Ziffern angeben.

z. B.
5 7 3 4
jetzt brauche ich Geld

Jetzt sind Sie dran! Finden Sie einen geeigneten Satz für Ihren Code!

Material: Stift und Papier

Pincode-Sprüche

Aus Zahlen werden Sätze

Kurze Sätze können wir uns leichter merken als sinnlose Zahlenfolgen. Aus diesem Grund entwickeln wir jetzt eine Methode, wie wir aus Zahlen Sätze machen können.

Ordnen Sie jeder Ziffer einen Buchstaben zu.
z. B.:

- 0 = O (ähnliche Form)
- 1 = E (Anfangsbuchstabe Eins)
- 2 = Z (Anfangsbuchstabe Zwei)
- 3 = D (Anfangsbuchstabe Drei)
- 4 = V (Anfangsbuchstabe Vier)
- 5 = F (Anfangsbuchstabe Fünf)
- 6 = S (Anfangsbuchstabe Sechs)
- 7 = T (ähnliche Form)
- 8 = A (Anfangsbuchstabe Acht)
- 9 = N (Anfangsbuchstabe Neun)

Aus dem Pincode: 3642 werden nun die Buchstaben DSVZ.
Bilden Sie einen Satz aus Worten mit den Anfangsbuchstaben D S V Z
z. B.: Das soll Vater zahlen.

Schreiben Sie jetzt einen Ihrer Pincodes auf und verwandeln Sie ihn erst in Buchstaben und anschließend in einen kurzen Satz!

Material: Stift und Papier

Zahlengedächtnis

Merken Sie sich die Zahl Pi!

Kennen Sie die Zahl Pi? Sie wird auch als Kreiszahl bezeichnet und ist eine wichtige mathematische Konstante. Da es sich um eine irrationale Zahl handelt, ist sie unendlich lang.

Den Weltrekord im Auswendiglernen der Nachkommastellen der Zahl Pi hält ein Chinese. Chao Lu konnte 67.890 Ziffern korrekt wiedergeben[14]! Er benötigte zum Aufsagen mehr als 24 Stunden!

Sie sehen hier die ersten hundert Nachkommastellen der Kreiszahl:

$\pi \doteq$ 3,14159 26535 89793 23846 26433 83279 50288 41971 69399 37510 58209 74944 59230 78164 06286 20899 86280 34825 34211 70679 …

Merken Sie sich so viele Stellen wie möglich, indem Sie entweder Zahlenbilder, Gedichte oder Merksprüche verwenden. Nähere Anleitungen zu diesen Strategien finden Sie in den vorhergehenden Übungen.

z. B.:
Einen derartigen Merkspruch hat der deutsche Philosoph vor einem Jahrhundert entwickelt. Die Buchstabenzahl der Wörter entspricht den Kommastellen der Zahl Pi:

3, 1 4 1 5 9 2 6 5 3 5 8
Nie, o Gott, o guter, verliehst Du meinem Hirne die Kraft, mächtige

9 7 9 3 2 3 8 4 6 2 6
Zahlreih'n dauernd verkettet bis in die späteste Zeit getreu zu merken;

4 3 3 8 3 2 7 9

drum hab' ich Ludolfen mir zu Lettern umgeprägt.

Wenn jemand sich in seiner Muttersprache fließend ausdrücken kann, dann gibt es überhaupt keinen Grund dafür, dass er dies nicht auch in einer (oder gar mehreren) Fremdsprache(n) tun könnte!
(Vera F. Birkenbihl)

Fremdsprachenkenntnis

Sprachen lernen, leicht gemacht!

Wenn Sie in der Schule Französisch lernen und dann zehn Jahre lang kein französisches Wort über die Lippen bringen, können Sie leider auch keinen Franzosen auf ein Glas Rotwein einladen. Fremdsprachkenntnisse verblassen, wenn wir sie nicht benutzen. Darum sollten Sie sie regelmäßig auffrischen.

„Eine Sprache lernt man am besten im entsprechenden Land!" Haben Sie diesen Ausspruch auch schon einmal gehört? Aber was, wenn Sie gerade weder Zeit noch Geld haben, um zu reisen? Dann bilden Sie doch das fremde Land um sich, um die neue Sprache zu lernen. Verwenden Sie die Fremdsprache, so vielseitig wie möglich, wählen Sie sie zum Beispiel als Sprache für Ihr Handy. In diesem Kapitel finden Sie Anregungen, wie Sie die Sprache, die Sie gerade lernen möchten, auf natürliche Art und Weise üben können!

Übungen – Fremdsprachenkenntnis:

- Bildbeschriftung
- Preparing Breakfast
- Lernhilfe Werbung
- Schlauer Kühlschrank
- Witze international!
- Farbenspiel
- Schlüsselwörter
- Zahlennamen

Bildbeschriftung

Fremdsprachen lernen mit Bilderbüchern

Sie sehen hier ein Bild von einer Urlaubszene. Beschriften Sie einzelne Elemente des Bildes in der Fremdsprache, die Sie gerade lernen. Sie selber bestimmen den Schwierigkeitsgrad dadurch, welche Details Sie auswählen!

Material: Stift

Variante:

Auf diese Art können Sie Malbücher für Kinder dazu nützen, Ihre Fremdsprachenkenntnisse aufzufrischen!

Preparing Breakfast

Sie dürfen laut denken!

Um eine Fremdsprache nicht zu verlernen, müssen Sie sicherstellen, dass Sie sie auch regelmäßig verwenden. Was tun, wenn man gerade nicht in das entsprechende Land fahren kann und auch keine Gesprächspartner zur Verfügung stehen? Hier wird eine Aufgabe vorgestellt, die es Ihnen ermöglicht, die Fremdsprache im Alltag zu verwenden.

Wählen Sie eine alltägliche Tätigkeit, wie zum Beispiel das Vorbereiten des Frühstücks, und beschreiben Sie jede Handlung, während Sie diese tatsächlich durchführen, in der fremden Sprache.

Benennen Sie nicht nur Gegenstände, die Sie handhaben, sondern bilden Sie ganze Sätze. Denken Sie laut – in der fremden Sprache!

Lernhilfe Werbung

Wie Sie Werbeslogans zum Fremdsprachenlernen nützen können.

Diese Übung eignet sich für unterwegs.

Werbebotschaften buchstabieren

Können Sie das Alphabet in der Fremdsprache aufsagen? Die Buchstaben richtig auszusprechen kann wichtig sein, zum Beispiel wenn man im Urlaub den Namen des Hotels buchstabieren soll. Üben Sie das Alphabet regelmäßig zwischendurch, zum Beispiel wenn Sie in der Stadt unterwegs sind.

Zahlreiche Werbeplakate und Aufschriften zieren unsere Straßen. Nützen Sie diese gedruckten Buchstaben für Ihre Übung. Buchstabieren Sie die Worte, die Sie unterwegs sehen, in der fremden Sprache!

Werbebotschaften übersetzen

Sie können auch ganze Werbeslogans übersetzen! Wählen Sie kurze Werbesprüche, die Ihnen unterwegs begegnen, und überlegen Sie, wie diese in der Fremdsprache lauten würden.

Schlauer Kühlschrank

Vokabeln lernen im Alltag

Vokabellisten lernen ist nicht nur langweilig, es ist leider auch nicht unbedingt zielführend. Sie kennen das: Man lernt mühevoll eine Liste von Anfang bis Ende auswendig und kann so anschließend der Reihe nach aufsagen, aber in einem Gespräch verwendet man die Vokabeln trotzdem nicht. Mit dieser Übung integrieren Sie das Vokabellernen in Ihr alltägliches Leben und lernen nebenbei und praxisbezogen die fremde Sprache.

Nehmen Sie einen wasserfesten Stift zur Hand und öffnen Sie Ihren Kühlschrank. Beschriften Sie alle Lebensmittel, die Sie finden. Schreiben Sie die Vokabel für „Eier" auf die Eierschachtel und „Milch" auf das geöffnete Päckchen Milch. Nehmen Sie das Wörterbuch zur Hand, falls Ihnen ein Begriff nicht einfällt.

Jeder Gang zum Kühlschrank wird so zur Vokabel-Wiederholung!

Material: wasserfester Stift

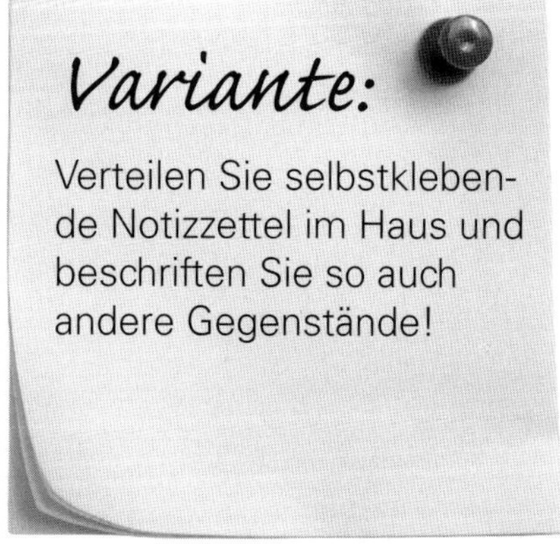

Witze international!

Erzählen Sie Ihren Lieblingswitz auch im Ausland!

Diese Übung eignet sich für unterwegs.

Investieren Sie heute eine Minute in Ihre Fremdsprachenkenntnisse. Denken Sie an einen Witz, den Sie unlängst gehört haben, bzw. an einen Witz, über den Sie besonders laut lachen mussten. Übersetzen Sie den Witz in Gedanken in die Sprache, die Sie gerade lernen! Lässt sich die Pointe übersetzen oder geht durch die neue Sprache die Komik verloren? Formulieren Sie die Übersetzung um, bis Sie zufrieden sind mit dem Resultat!

Teamtraining:
Lachrunde in der Fremdsprache: Erzählen Sie sich abwechselnd Ihre übersetzten Witze!

Farbenspiel

Farbenfrohes Sprachenlernen

Mit dieser Aufgabe üben Sie die Farbbegriffe in der Sprache, die Sie gerade lernen. Beschriften Sie dazu zunächst die Felder der unten stehenden Abbildung mit verschiedenen Farbbegriffen. Nehmen Sie dazu das Wörterbuch bzw. eine Liste mit den Farbnamen zur Hand und setzen Sie passende Farbnahmen in freie Räume.

z. B.: Schreiben Sie „blue" in den Himmel.

Nehmen Sie anschließend die Buntstifte zur Hand und malen Sie das Bild in den angegebenen Farben aus!

Material: Buntstifte in verschiedenen Farben.

Schlüsselwörter

Eselsbrücken für Ihre Vokabeln

Ihre heutige Aufgabe ist es, für schwierige Vokabeln, die Sie aktuell lernen möchten, Eselsbrücken zu bauen. Finden Sie geeignete Schlüsselwörter, die Ihnen helfen, die Vokabel zu behalten. Dazu gibt es zwei Strategien.

1. Anfangsbuchstaben.

Finden Sie ein Wort, das mit demselben Anfangsbuchstaben beginnt, und verknüpfen Sie es mit der Übersetzung der Vokabel.

z. B.: Hängematte – hammock (Englisch)
Das Wort „Hammer" beginnt mit demselben Anfangsbuchstaben und wird darum unser Schlüsselwort. Dieses verknüpfen wir mit der Bedeutung der Vokabel: In der Hängematte liegt ein Hammer.

2. Reim

Als Schlüsselwort können auch Reimwörter dienen. Finden Sie einen Begriff, der sich auf Ihre Vokabel reimt, und verbinden Sie ihn mit der Bedeutung des Wortes.

z. B.: Unordnung – mess (Englisch)
Auf „mess" reimt sich „Stress". Wir können uns merken: Die Unordnung verursacht Stress – oder das Aufräumen.

Material: Stift und Papier

Zahlennamen

Zählen und Rechnen in der fremden Sprache

Auch Sprachtalente rechnen am liebsten in ihrer Muttersprache. Um die Zahlenbegriffe in der fremden Sprache zu internalisieren, ist viel Übung notwendig. Nützen Sie darum wieder mal freie Zeiten zwischendurch um regelmäßig üben zu können.

Die Zahlennamen können Sie gut unterwegs im Verkehr trainieren. Lesen Sie, während Sie spazieren gehen, im Auto oder im Bus sitzen, die Autokennzeichen der vorbeifahrenden oder parkenden Autos. Lesen Sie Ziffer für Ziffer das Nummernschild in der fremden Sprache.

Teamtraining:
Stellen Sie sich gegenseitig Rechenaufgaben in der fremden Sprache!

Varianten:

- Fassen Sie die Ziffern zu zwei- oder dreistelligen Zahlen zusammen.
- Formulieren Sie einfache Rechnungen mit den Ziffern. Addieren Sie zum Beispiel die einzelnen Ziffern und nennen Sie das Ergebnis in der fremden Sprache.

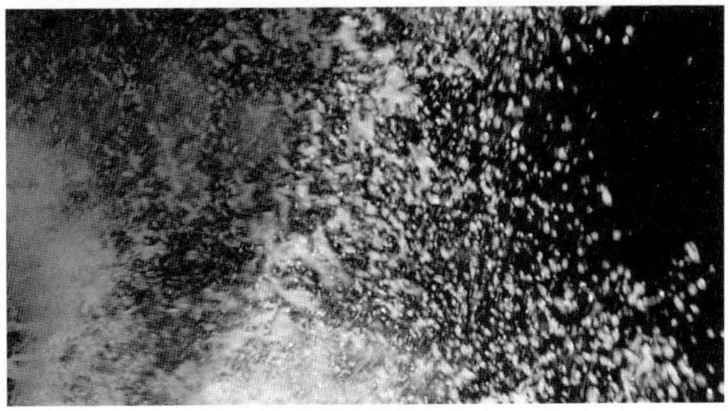

Kommen Sie in Schwung!
Es ist nicht wenig Zeit, was wir haben,
sondern es ist viel, was wir nicht nützen
(Seneca)

Aktivierung und Entspannung

Wenn wir übermüdet sind, können wir nicht die optimale Leistung erbringen. Der Hirnstamm, der älteste Teil unseres Gehirns, bestimmt unseren Wachheitsgrad und kann unser gesamtes Gehirn in einen aktiven Zustand versetzen. Je aktiver wir sind, desto erfolgreicher können wir arbeiten. Irgendwann ist allerdings das optimale Aktivierungslevel erreicht. Weitere Erregung führt zu Stress und Überbelastung. Statt leistungsfähiger werden wir nun wieder unkonzentrierter und arbeiten weniger effektiv.

Aktivierungs- und Entspannungsübungen helfen uns, das optimale Aktivierungslevel zu erreichen. Sind Sie übermüdet und fühlen Sie sich schwach, kann eine Aktivierungsübung Ihnen zu neuen Kräften verhelfen. In stressigen Situationen und unter großer Belastung werden Sie eher zu einer Entspannungsübung greifen. In diesem Kapitel finden Sie einige Übungen, die optimale Voraussetzungen für Ihr Gehirn schaffen.

Übungen – Aktivierung und Entspannung:

- Grimassen schneiden
- Fingerspitzen
- Filmstar!
- Abklopfen und wach schütteln
- Atmung
- Fantasiereise
- Motivation
- Gedankenstopp
- Lächeln …

Grimassen schneiden

Aktivieren Sie Ihre Gesichtsmuskulatur

Wer kennt das nicht? Vollkommen übermüdet soll man auch noch zu einem wichtigen Meeting gehen oder womöglich noch eine kurze Präsentation halten. Sorgen Sie dafür, dass man Ihnen Ihre Müdigkeit nicht anmerkt, und wecken Sie Ihre Gesichtsmuskulatur auf. Die folgende Übung hilft Ihnen dabei, die Augen offen zu halten, und sorgt dafür, dass Ihre Mundbewegungen wieder flüssig werden.

So geht`s: Schneiden Sie Grimassen. Verziehen Sie Ihre Gesichtsmuskulatur in unübliche, nahezu unmögliche Positionen. Beginnen Sie mit dem Mund, reißen Sie ihn weit auf und ziehen Sie ihn so weit wie möglich nach links, um ihn anschließend in die andere Richtung zu dehnen. Strecken Sie die Zunge hinaus, so weit Sie können. Machen Sie Ihren Mund so groß wie möglich und pressen Sie die Lippen anschließend so nah wie möglich aneinander. Drücken Sie Luft in Ihre Wangen. Widmen Sie sich anschließend Ihrer Nase: Rümpfen und strecken Sie sie, blähen Sie die Nasenflügel. Jetzt sind die Augen an der Reihe. Bewegen Sie die Augen in alle Richtungen und aktivieren Sie die Muskeln rund um die Augen und an der Stirn. Abschließend aktivieren wir noch einmal das ganze Gesicht: Machen Sie Ihr Gesicht so groß wie möglich, indem Sie Mund und Augen aufreißen. Ziehen Sie anschließend Ihre Gesichtsmuskulatur so klein wie möglich zusammen: Konzentrieren Sie sich auf einen Punkt mitten in Ihrem Gesicht und ziehen Sie alle Muskeln in diese Richtung.

Spielen Sie mit den verschiedenen Grimassen und aktivieren Sie so Ihr Gesicht, damit Sie munter und strahlend aus den Augen blicken und auch schwierige Sätze ohne Holpern formulieren können.

Fingerspitzen

Muntermacher fürs Gehirn

An Ihren Fingerspitzen befinden sich besonders viele sensible Nervenendigungen. Darum haben Sie auch ein feines Fingerspitzengefühl. Drücken Sie mit den Fingernägeln Ihrer Daumen gegen Ihre Fingerkuppen und reizen Sie so die zahlreichen Neuronen. Das Signal wird direkt an Ihr Gehirn weitergeleitet.

Filmstar!

Lassen Sie sich applaudieren

Diese Übung eignet sich für unterwegs.

Strahlen Sie heute Selbstsicherheit aus! Hatten Sie schon einmal das Gefühl, alle Leute würden Sie anstarren? Wenn Sie jemand aufmerksam ansieht, kann das zwei Gründe haben:

a.) Sie haben tatsächlich Zahnpaste im Gesicht/das Hemd verkehrt geknöpft/einen roten Punkt auf der Nase ...

b.) Ihr Gegenüber findet Sie einfach nur interessant.

Lassen Sie sich nicht davon verunsichern, wenn andere Leute sich für Sie interessieren. Im Gegenteil! Steigern Sie heute Ihr Selbstvertrauen, indem Sie den nächsten Gang, den Sie erledigen müssen, auf besondere Art und Weise zurücklegen: Stellen Sie sich vor, Sie wären ein berühmter Filmstar. Alle bewundern Sie und jubeln Ihnen zu. Gehen Sie aufrecht und stolz an den Menschen vorbei. Genießen Sie diesen Moment des Ruhms!

Abklopfen und wach schütteln

Bringen Sie Ihre Durchblutung in Schwung

Unser Körper ist nicht dafür entworfen, den ganzen Tag zu sitzen. Trotzdem verbringen wir oft viele Stunden hintereinander mit sitzenden Tätigkeiten. Da ist es wichtig, den Kreislauf zwischendurch anzuregen. Die folgende Übung aktiviert die Durchblutung Ihres gesamten Körpers.

Stellen Sie sich schulterbreit vor ein geöffnetes Fenster. Atmen Sie während der Übung durch die Nase ein und durch den Mund aus. Klopfen Sie nun mit Ihren Handflächen Ihren gesamten Körper ab. Beginnen Sie mit den Unterschenkeln, klopfen Sie mit regelmäßigen leichten Schlägen Ihre Beinmuskulatur wach. Weiter geht es mit Knien, Oberschenkeln und Gesäß. In der Bauchgegend sollten Ihre Berührungen sanfter werden, den Rücken können Sie wieder kräftig abklopfen.

Falls Sie die Übung zu zweit machen, können Sie Ihre Rücken auch gegenseitig bearbeiten.

Klopfen Sie anschließend Ihre beiden Arme und die Schulterpartie gründlich ab. Mit den Fingerspitzen können Sie auch im Gesicht fortsetzen.

Nachdem Sie so den ganzen Körper angeregt haben, schütteln Sie abschließend alle Gliedmaßen. Beginnen Sie mit dem rechten Bein, schütteln Sie anschließend das linke Bein und die beiden Arme.

Atmen Sie noch einmal tief durch und spüren Sie, wie Ihr Blut kraftvoll durch Ihren Körper fließt!

Atmung

Sauerstoff fürs Gehirn

Unsere Nervenzellen benötigen Sauerstoff, um zu arbeiten. Wenn den Neuronen zu wenig Sauerstoff zur Verfügung steht, werden wir müde. Um konzentriert und leistungsstark arbeiten zu können, müssen Sie richtig atmen. Die heutige Übung zeigt Ihnen, wie Sie Ihre Nervenzellen effektiv mit Sauerstoff versorgen.

Öffnen Sie ein Fenster und stellen Sie sich schulterbreit davor. Atmen Sie immer durch die Nase ein und durch den Mund aus! Beginnen Sie mit normalen, leichten Atemzügen und konzentrieren Sie sich darauf, dass Sie die Luft tief in Ihren Körper ziehen. Stellen Sie sich vor, die Luft fließt bis in Ihren Bauch, wenn Sie einatmen. Fühlen Sie, wie sich die Bauchdecke hebt. Verstärken Sie diesen Effekt, indem Sie Ihre Arme rechts und links leicht anheben. Spüren Sie bei jedem Atemzug, wie die Luft nicht nur in den Bauch, sondern auch in Ihre Seiten strömt.

Lassen Sie nun Ihre Atemzüge immer größer und tiefer werden. Heben Sie entsprechend auch Ihre Arme bei jedem Atemzug höher an! Lassen Sie die Arme beim Ausatmen wieder entspannt zurückfallen.

Letztendlich atmen Sie so tief ein, wie Sie konnen, Ihre Arme sind nun hoch in die Luft gestreckt. Halten Sie kurz den Atem an und pusten Sie schließlich all die Luft wieder hinaus, während Ihre Arme in ihre Ausgangslage zurückfallen.

Nun werden Ihre Atemzüge mit jedem Mal kleiner, bis Sie letztendlich wieder normal atmen.

Diesen Zyklus können Sie wiederholen, bis Sie das Gefühl haben, genügend Sauerstoff getankt zu haben!

Fantasiereise

Besuchen Sie Ihre Trauminsel

So geht`s:
Setzen Sie sich entspannt hin, schließen Sie die Augen und atmen Sie durch die Nase ein und durch den Mund aus. Stellen Sie sich vor, Sie haben einen Urlaub auf Ihrer Trauminsel gewonnen. Wie sieht diese Insel aus? Gestalten Sie ein möglichst detailreiches Bild von der Insel Ihrer Träume! Träumen Sie sich selber auf die Insel. Gehen Sie nun der Reihe nach alle Wahrnehmungskanäle durch und stellen Sie sich vor, welche Eindrücke Sie erleben:

- **Sehen:** Visualisieren Sie Farben, Formen und Lichtspiele. Werfen Sie in Gedanken einen Blick auf den Horizont und entspannen Sie so Ihre Augen, die während der Arbeit meistens einen Punkt in der Nähe fokussieren müssen. Lassen Sie Ihren Blick über Ihre Trauminsel wandern!
- **Hören:** Gestalten Sie eine angenehme Geräuschkulisse. Es ist Ihre Fantasievorstellung, darum ist alles möglich. Sie können Musik einspielen oder Naturgeräusche erklingen lassen.
- **Riechen und Schmecken:** Welche Gerüche erwarten Sie in der erträumten Umgebung? Schmecken Sie Salz auf den Lippen oder probieren Sie vielleicht lokale Früchte?
- **Fühlen:** Bewahren Sie den Tastsinn für den Schluss. Sie befinden sich jetzt auf Ihrer Trauminsel. Wie fühlt sich dieser Ortswechsel an? Wie ist die Temperatur, spüren Sie einen Luftzug? Wie fühlt sich der Boden unter Ihren Füßen an? Berühren Sie in Gedanken verschiedene Elemente Ihrer Trauminsel! Wie verhält sich Ihr Körper? Spüren Sie, wie Ihre Muskelspannung nachlässt, und achten Sie auf Ihren ruhigen, entspannten Herzschlag und Ihre regelmäßige Atmung …

… Atmen Sie noch ein paar Mal ruhig durch die Nase ein und durch den Mund aus. Öffnen Sie langsam die Augen und nehmen Sie das entspannte Gefühl mit in die Realität!

Motivation

Schreiben Sie einen Brief an sich selbst!

Wenn wir uns keine Ziele setzen, fehlt uns die Motivation, uns anzustrengen. Antriebslosigkeit und Energielosigkeit können also daran liegen, dass wir keine Ziele und Pläne haben.

Die folgende Aufgabe bringt Sie dazu, positiv an Ihre Zukunft zu denken, und hilft Ihnen dabei, Ihre Ziele und Wünsche zu erkennen.

Nehmen Sie einen Bogen (Brief-)Papier und einen Stift zur Hand und schreiben Sie einen Brief. Adressieren Sie ihn an sich selber und notieren Sie, wann der Brief geöffnet werden darf. Wählen Sie dafür ein besonderes Datum wie z. B. Neujahr oder Ihren Geburtstag.

Denken Sie nun an das Jahr, die Zeit, die vor Ihnen liegt. Was werden Sie in den folgenden Monaten erreichen? Schreiben Sie einen Brief an sich selber und gratulieren Sie sich zu den Wünschen, die Sie verwirklicht haben! Notieren Sie auch, wie Sie die einzelnen Ziele erreicht haben und welche Schritte den Erfolg herbeigeführt haben.

Bewahren Sie Ihren Brief an einem sicheren Ort und lesen Sie ihn zum vorgenommenen Zeitpunkt!

Material: Stift und Papier

Gedankenstopp

Verbannen Sie störende Gedanken

Unerwünschte Gedanken können ganz schön stören! Leider ist es wahnsinnig schwierig, NICHT an etwas zu denken. Berühmt ist etwa Wegners „Weißes-Bär-Experiment": Denken Sie NICHT an einen weißen Bären …

Gehirnforscher haben festgestellt, dass es schwierig ist, Gedanken bewusst abzuschalten. Was funktioniert ist, stattdessen etwas anderes zu denken. So funktioniert Ihr Gedankenstopp:

Überlegen Sie sich Ihr persönliches Stopp-Symbol. Woran denken Sie, wenn Sie „Stopp!" hören? Stellen Sie sich zum Beispiel ein rotes Stopp-Schild vor oder denken Sie an eine Hand, die abweisend ausgestreckt ist.

Wenn ein unerwünschter Gedanke Sie stört, aktivieren Sie Ihr persönliches Stopp-Bild! Denken Sie an das Symbol, das Sie sich zurecht gelegt haben, und studieren Sie die Details! Ihr Symbol wird Ihr persönliches Signal für „Gedankenstopp"!

Lächeln …

… ist gut fürs Gehirn

Diese Übung eignet sich für unterwegs.

Wenn wir lächeln, wird im Gehirn das Wohlfühlhormon „Serotonin" ausgeschüttet. Wir fühlen uns glücklich und unsere Konzentrations- und Leistungsfähigkeit steigt!

Probieren Sie es gleich aus. Nehmen Sie den gleichgültigen Ausdruck von Ihrem Gesicht und tauschen Sie ihn gegen ein Lächeln! Ziehen Sie Ihre Mundwinkel nach oben und lassen Sie Ihre Augen strahlen. Sie werden merken, wie es Ihnen nicht nur die Zusammenarbeit mit Ihren Kollegen erleichtert, sondern wie auch Ihr eigenes Wohlbefinden steigt.

Probieren Sie Ihr Lächeln auch vor dem Spiegel und lächeln Sie sich selber aufmunternd zu!

Unsere Gesichtsbewegungen beeinflussen unsere Emotionen.[15] Wenn Ihnen nicht nach Lächeln zumute ist, nehmen Sie einen Stift quer in den Mund. Auch so ziehen Sie Ihre Mundwinkel nach oben und nützen dieselbe Muskulatur wie bei einem spontanen Lächeln!

Lösungen

Seite 16: Sie haben soeben die so genannte „Zweipunktschwelle“[16] gemessen, die Distanz, ab welcher zwei gleichzeitige Druckreize als getrennt wahrgenommen werden können, wird auch in der Medizin als Messwert verwendet. An den Fingern beträgt sie etwa 1 mm, an der Handfläche sind es bereits 4 mm und am Rücken über 60 mm!

Seite 21: E: 17, SN: 4, GHR: 4, M: 13, BR: 4, GQC: 2

Seite 25: 37

Seite 26:

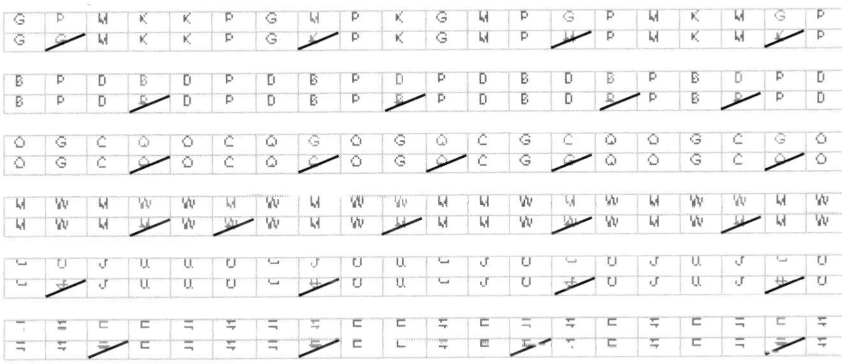

Seite 28:

Z	E	P	E	E	G	E	R	H	A	R	D	A	B	W
Y	T	V	R	A	W	L	U	F	F	A	T	C	E	O
G	F	R	A	N	Z	B	N	M	T	S	O	P	S	L
U	F	R	J	U	K	L	E	G	O	N	E	I	B	F
V	X	E	N	H	T	R	T	R	X	E	N	R	O	G
Z	K	Y	E	V	I	N	C	E	N	T	Z	T	Y	A
Z	L	A	T	T	N	X	W	G	N	H	T	O	P	N
H	E	D	T	T	O	O	T	O	G	O	M	N	B	G
W	M	R	V	H	I	K	D	R	I	M	P	L	D	Y
B	E	R	T	R	A	M	Z	N	D	A	N	N	A	R
R	N	U	B	N	P	R	O	A	Y	S	B	I	W	B
O	S	T	E	F	A	N	I	E	Z	T	V	U	N	P
R	W	R	O	R	X	U	O	N	W	D	E	R	H	A
Z	B	D	W	H	I	U	B	E	A	T	E	T	N	A
D	O	M	I	N	I	K	T	H	E	K	E	V	I	N

Seite 37: Mögliche Merksprüche für die Bundesländer Österreichs:
Weil sie viele Orte büffelte, kriegt Stefanie tolle Noten.
Obwohl Wir Nie Salz vors Burgtor streuen, klagen Tiere.

Seite 40:

Barack Obama	Papst Benedikt XVI.	Arnold Schwarzenegger
Angela Merkel	Anna Netrebko	Angelina Jolie

Seite 48:

• ad acta	zu den Akten (erledigt)
• ad infinitum	für immer
• de facto	in Wirklichkeit
• errare humanum est	Irren ist menschlich
• expressis verbis	ausdrücklich
• in absentia	in Abwesenheit
• in extenso	ausführlich
• in flagrante delicto	auf frischer Tat
• in media res	zur Sache ohne Umschweife
• in memoriam	zur Erinnerung an einen Toten
• In spe	baldig (in Hoffnung)
• in toto	komplett
• intra muros	nicht öffentlich
• lapsus linguae	Versprecher
• lapsus memoriae	falsche Erinnerung
• lingua franca	Allgemeinsprache
• nota bene	Beachte dies!
• per se	an sich
• persona non grata	unerwünschte Person
• quid pro quo	dies für das, eine Hand wäscht die andere
• reductio ad absurdum	gänzliche Widerlegung eines Arguments
• status quo	jetziger Zustand
• terra incognita	unbekanntes Land

Seite 50: Bedeutung der Fachausdrücke
kontinuierlich (fortdauernd, beständig);
prophylaktisch (vorbeugend, verhütend);
Konsens (Übereinstimmung, Einigkeit);
antizipieren (vorwegnehmen, ahnen);
Referendum (Volksentscheid, Abstimmung durch eine Volksbefragung);
kohärent (zusammenhängend);
Delegation (Abordnung, Vertretung);
monoton (eintönigkeit, gleichförmig);
autark (selbstständig, unabhängig);
circulus vitiosus (Teufelskreis)

Seite 52: Macbeth, König von Schottland (1005–1057);
Richard Löwenherz, König von England (1189–1199);
Albertus Magnus, deutscher Gelehrter (1200–1280);
Leonardo da Vinci, italienisches Universalgenie (1452–1519);
Albrecht Dürer, deutscher Maler (1471–1528);
Martin Luther, deutscher Reformator (1483–1546);
William Shakespeare, englischer Dichter (1564–1616);
René Descartes, französischer Philosoph (1596–1650);
Sir Isaac Newton, englischer Physiker (1643–1727);
Maria Theresia, Erzherzogin von Österreich (1717–1780);
George Washington, amerikanischer Politiker (1732–1799);
Johann Wolfgang von Goethe, deutscher Dichter (1749–1832);
Wolfgang Amadeus Mozart, österreichischer Komponist (1756–1791);
Napoléon Bonaparte, französischer Kaiser (1769–1821);
Sissi, Kaiserin von Österreich-Ungarn (1837–1898);
Sigmund Freud, österreichischer Psychologe (1856–1939);
Albert Einstein, US-schweizerischer Physiker (1879–1955);
Sir Karl Raimund Popper, österreichisch-britischer Philosoph (1902–1994)

Seite 53: e ist falsch.

Einen Ort namens „Lederhose" gibt es tatsächlich, allerdings findet sich dieser in Deutschland. Tatsächlich ist die Herkunft vieler Redewendungen umstritten. Möglicher Ursprung der vorgestellten Sprichworte:

- Da liegt der Hund begraben: „Hund" in diesem Sprichwort leitet sich vom mittelhochdeutschen „Hunde" ab, was so viel wie Schatz oder Beute bedeutet. Die Redewendung lautet also: „Da liegt der Schatz begraben", was übertragen so viel heißt wie: „Ich habe die Lösung gefunden."
- Alles in Butter: Kunstvolle Gläser konnten früher nur schwer mit der Kutsche transportiert werden, ohne beschädigt zu werden. Damit sie heil an ihr Ziel kommen, wurden sie in geschmolzene Butter gelegt. Nachdem die Butter wieder gehärtet war, waren die Gläser „in Butter" und überstanden ihre Reise sicher.
- Der gute Rutsch ins neue Jahr: Auf Hebräisch bedeutet „Rosh Hashana" so viel wie „Anfang des Jahres" auf Hebräisch. Zu Silvester wünschte sich die jüdische Bevölkerung also ein gutes „Rosh Hashana", woraus mit der Zeit ein guter Rutsch wurde. Sich einen guten Rutsch zu wünschen bedeutet also, sich einen guten Anfang ins Jahr zu wünschen.

Seite 54:

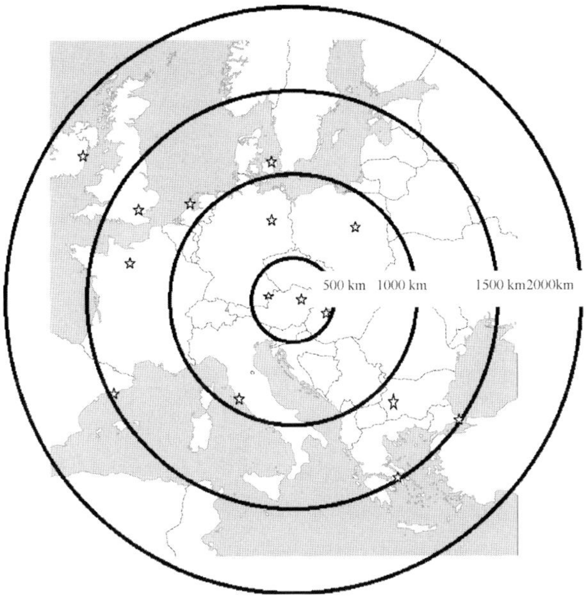

Seite 75: A: 14 Quadrate; B: 30 Quadrate

Seite 77: 1B, 2B, 3A

Seite 78: Mögliche Lösungen:
09.11.2001: Flugzeugunglück New York; 144: Notrufnummer Rettung; 24.12. Weihnachten; 747 Boeing 747; 31.12.1999: Letzter Tag vor dem neuen Jahrtausend

Seite 92: Summe 10
9234196214875655322138075346763229086312579963243753242808

Summe 13
9841021757642468083668098798532123834355788654679890971890

Summe 19
742595213238086213424793819393854787653268928539 2637065273

Literatur

1 Nickerson, R. S.; Adams, M.J. (1979) Long-Term Memory for a Common Object. Cognitive Psychology, v11 n3 p 287–307 Jul 1979

2 J.R. Stroop (1935) Studies of interference in serial verbal reactions. Journal of Experimental Psychology

3 Seite „Europa (Mythologie)". In: Wikipedia, Die freie Enzyklopädie. Bearbeitungsstand: 12. April 2009, 18:54 UTC. URL: http://de.wikipedia.org/w/index.php?title=Europa_(Mythologie)&oldid=58953800 (Abgerufen: 14. April 2009, 07:37 UTC)

4 Andreasen. N.C. (2007) the creative brain. Plume

5 Seite „Dosenöffner". In: Wikipedia, Die freie Enzyklopädie. Bearbeitungsstand: 13. April 2009, 01:09 UTC. URL: http://de.wikipedia.org/w/index.php?title=Dosen%C3%B6ffner&oldid=58963672 (Abgerufen: 14. April 2009, 12:41 UTC)

6 URL: http://www.fussball-wunder.de/Damen-Fussball-6_28_de.html, abgerufen: 14. April 2009, 13:00 UTC

7 URL: http://www.welt.de/print-welt/article650105/Schweizer_Armee_mustert_ihre_Brieftauben_aus.html, abgerufen: 14. April 2009, 13:15

8 URL: http://www.onlineoff.ch/straussenfarm/home/index.cfm?selected_page_id=3166 abgerufen: 14. April 2009., 13:30

9 URL: http://maps.google.com/maps?f=q&source=s_q&hl=de&geocode=&q=Lederhose&sll=37.0625,-95.677068&sspn=34.038806,79.101563&ie=UTF8&ll=50.800836,11.925659&spn=0.026527,0.077248&z=14&iwloc=A abgerufen: 14. April 2009, 15:00 UTC)

10 Roberston, I. (2000) Mind Sculpture: Your Brain's Untapped Potential. Bantam Paperbacks

11 Birkenbihl, V.F. (1995) Stroh im Kopf. Gabal

12 Jaeggi, S.M.; Buschkuehl, M.; Jonides, J. & Perrig, W.J. (2008) Improving fluid intelligence with training on working memory. PNAS, vol. 105, no. 19, p 6029–6022

13 Weitere Schüttelreime finden Sie auf www.schuettelreime.at

14 Seite „Kreiszahl". In: Wikipedia, Die freie Enzyklopädie. Bearbeitungsstand: 5. April 2009, 08:56 UTC. URL: http://de.wikipedia.org/w/index.php?title=Kreiszahl&oldid=58694345 (Abgerufen: 14. April 2009, 07:13 UTC)

15 Strack, F., Martin, L. L., & Stepper, S. (1988). Inhibiting and facilitating conditions of the human smile:A nonobtrusive test of the facial feedback hypothesis. Journal of Personality & Social Psychology, 54, 768-777.

16 Silbernagel, S. & Despopoulos A. (2001). Taschenatlas der Physiologie. Thieme.

Lernen mit Köpfchen

Clever lernen – Kids

Dr. Katharina Turecek

Wer das Lernen einmal richtig lernt, ist fit für alle zukünftigen Anforderungen. „Clever lernen – Kids" zeigt Ihnen, wie Ihr Kind Lernstoffe effizient strukturiert und seine Denk- und Merkfähigkeit verbessert. Spielerische Zugänge und die besten Motivationstricks eröffnen einen zwanglosen Zugang zum Lernen. Dr. med. Katharina Turecek, gehört zu den führenden Gedächtnisforschern im deutschsprachigen Raum. Die erste Jugend-Gedächtnismeisterin Österreichs vermittelt ihr Wissen seit Jahren als Lerncoach und in der Lehrerfortbildung.

160 Seiten, 16,5 x 23 cm, durchgehend illustriert
Preis: € 19,90, ISBN 978-3-902532-83-1

Besseres Gedächtnis

Gutes Gedächtnis – leicht gemacht mit CD-ROM

Dr. Luise M. Sommer

Der Titel des Buches ist Programm: die Einführung in das Thema Gedächtnistraining für Menschen jeden Alters. Sich Namen und Gesichter merken, über ein verblüffendes Zahlengedächtnis verfügen, das Erinnerungsvermögen im beruflichen und privaten Alltag nachhaltig fördern – dies ermöglichen die spielerisch vorgestellten mnemotechnischen Methoden. Dr. Luise M. Sommer ist zweifache Österreichische Gedächtnismeisterin. Die erfahrene Pädagogin arbeitet seit Jahren äußerst erfolgreich als Gedächtnistrainerin.
Jetzt aktualisiert und interaktiv!

192 Seiten, 16,5 x 23 cm, gebunden
Preis: € 22,–, ISBN 978-3-902532-87-9

KRENN
Hubert Krenn VerlagsgesmbH
Gußhausstraße 18, 1040 Wien, Tel. 01 585 34 72, Fax 01 585 04 83, hwk@buchagentur.at, www.hubertkrenn.at

Guter Rat ist nicht teuer

Einmal gelernt – nie mehr vergessen

Katharina Turecek

Lernen bedeutet vor allem Informationen so im Gehirn abzuspeichern, dass sie nicht mehr verloren gehen. Wie man Informationen so verarbeitet, dass sie den Sprung vom Kurzzeitgedächtnis ins Langzeitgedächtnis schaffen, veranschaulicht die Autorin mit einfachen Tricks und Tipps.

128 Seiten, 15 x 21 cm, broschiert, zahlreiche Farbabbildungen, Preis: € 12,90
ISBN 978-3-902351-40-1

Warum wir essen, was wir essen

Eva Derndorfer

Die Ernährungswissenschaftlerin Dr. Eva Derndorfer führt Sie durch die faszinierende Welt des Geschmacks. Vom Kind bis zum alten Menschen – für jede Altersstufe zeigt sie anhand neuester Erkenntnisse und für den Laien verständlich, warum wir essen, was wir essen.

144 Seiten, 16,5 x 23 cm, broschiert, durchgehend bebildert, Preis: € 16,90
ISBN 978-3902532-67-1

Gutes Gedächtnis – leicht gemacht mit CD

Luise M. Sommer

Der Titel des Buches ist Programm: die Einführung in das Thema Gedächtnistraining für Menschen jeden Alters. Sich Namen und Gesichter merken, über ein verblüffendes Zahlengedächtnis verfügen, das Erinnerungsvermögen im beruflichen und privaten Alltag nachhaltig fördern – dies ermöglichen die spielerisch vorgestellten mnemotechnischen Methoden.

192 Seiten, 16,5 x 23 cm, gebunden, durchgehend zweifarbig, Preis: € 22,
ISBN 978-3-902532-87-9

Kinder & Ernährung

Generation Chips

Fröhlich, Finsterer

Ohne Scheuklappen analysieren die Autoren Edmund Fröhlich, Gesundheitsmanager im privaten Klinikbereich, und Susanne Finsterer, Journalistin, das Phänomen einer bevorstehenden Fettsucht-Epidemie und untermauern ihre schonungslosen Überlegungen durch zahlreiche Interviews mit namhaften Experten und Betroffenen.

128 Seiten, 16,5 x 23 cm, broschiert, durchgehend bebildert, Preis: € 16,95
ISBN 978-3-902532-30-5

Kinder lernen essen

Hanni Rützler

Die Autorin zeigt neue Wege im Umgang mit der Vielfalt auf und setzt den Schwerpunkt auf den lustvollen, sinnlichen Umgang mit den Lebensmitteln. Hier finden Sie kindergerechte Wege zum Wohlfühlgewicht, zum Abbau von Übergewicht, sowie viele Hintergrundinformationen und wertvolle Tipps und Tricks, wie Sie die Ernährung und Freizeit Ihres Kindes besser gestalten können.

240 Seiten, 16,5 x 23 cm, gebunden, Preis: € 24,90
ISBN 978-3-902351-94-4

Starke Kinder lernen essen

Karin Lobner

Ein praktischer Ratgeber für Eltern mit übergewichtigen Kindern. Dicke Kinder haben es schwer. Sie müssen stark sein, um Hänseleien und Ausgrenzungen zu ertragen. Die Zahl der Kinder, die zu viele Kilos mit sich herumtragen, nimmt seit Beginn der 80er Jahre stetig zu.

128 Seiten, 16,5 x 23 cm, broschiert, durchgehend bebildert, Preis: € 16,95
ISBN 978-3-902532-31-2

KRENN

Hubert Krenn VerlagsgesmbH

Gußhausstraße 18, 1040 Wien, Tel. 01 585 34 72, Fax 01 585 04 83, hwk@buchagentur.at, www.hubertkrenn.at